实体店突围

方法总比困难多

刘长江　刘景信◎著

中国宇航出版社
·北京·

图书在版编目（CIP）数据

实体店突围 : 方法总比困难多 / 刘长江，刘景信著
. -- 北京 : 中国宇航出版社，2018.2
ISBN 978-7-5159-1376-6

Ⅰ. ①实… Ⅱ. ①刘… ②刘… Ⅲ. ①商店－商业经营 Ⅳ. ①F717

中国版本图书馆CIP数据核字(2018)第010315号

责任编辑 吴媛媛　　**装帧设计** 宇星文化

出版发行	**中国宇航出版社**		
社址	北京市阜成路8号	**邮编**	100830
	(010)60286808		(010)68768548
网址	www.caphbook.com		
经销	新华书店		
发行部	(010)60286888		(010)68371900
	(010)60286887		(010)60286804(传真)
零售店	读者服务部		
	(010)68371105		
承印	三河市君旺印务有限公司		
版次	2018年2月第1版		2018年2月第1次印刷
规格	710×1000	**开本**	1/16
印张	12.5	**字数**	125千字
书号	ISBN 978-7-5159-1376-6		
定价	49.00元		

本书如有印装质量问题，可与发行部联系调换

PREFACE 前言

商业街上繁华依旧，但店铺门前张贴“此房出租”告示的也不少见；街上骑着电动车穿梭的快递员越来越多，外卖、同城速递的使用率直线上升……

大多数生意难以为继的实体店老板将失败归因于电商的冲击。电商攻城略地对实体店的影响的确存在，但把生存问题全部归罪于它并不客观。长江商法通过多年对商贸流通的辅导调研认为：实体店生存艰难的原因是多方面的，如产品单一、同质化严重、缺乏精细化管理。

2017 年 4 月，马云在谈到对未来 30 年技术和商业的预判时明确指出：新零售的冲击已经波及各个行业领域，在它淘汰落后生产力的同时，也必定会创造更多新兴的实体经济和就业机会。他提醒在场的企业家和实体行业从业者，未来 30 年，任何一个和互联网脱节的企业、实体店，如果不尝试利用互联网发展自己，和 10 年前不使用电一样可怕，甚至比没有电更可怕，实体经济和互联网不可能完全对立，只有将二者完美结合才能顺势而为。

机遇与挑战并存，实体经济面对的机会显而易见，特别是新零售的落地实施，归根到底还是要靠实体商家。相对于网店，实体店在体验、安装、售后服务等方面具有无可替代的优势。对很多人来说，逛街购物、消费仍是休闲生活的一个组成部分。这也是最近几年包括阿里巴巴、京东在内的大型电商平台纷纷线下布局的原因。

电商在往线下拓展，实体店也可以朝线上发力。只有将线上线下的的优势相结合，才能抢占消费市场的一席之地。实体店完全可以利用线下优势，借助厂家上游资源优势，进一步提升自身经营能力和市场份额，同时在线上紧跟网购节拍，小规模投资自己的网络销售系统和平台，铺设一条通向互联网的路，拓展更大的客源市场，走出一条特色经营之路。

如今的实体店，不变革就是等死！任何事物都会随着社会的发展而不断变化，实体店亦如此。变革了，就有活路；不变革，就要面临破产的局面。所以实体店要主动转型、敢于创新，靠自己去赢得一个充满希望和活力的未来。

CONTENTS 目 录

第三章　用户体验：实体店突围的最佳着力点

第四章　产品至上：逃离价格战的红海

第五章　店铺管理：让店铺运营精益求精

第九章　自我提升：店铺管理思维重塑

第一章

实体店萎缩：是一场败仗，更是一次革命

痛击实体店的并非电商

2009 年，天猫首次举办“双十一”购物狂欢节，11 月 11 日当天交易额约 5 200 万元。2017 年，第 9 个“双十一”当日销售总额达 1 682 亿元。

可以说，“双十一”是电商围剿实体店的重大战役。不可否认，电商已经全面崛起，逐步侵蚀实体店的市场份额，渐成支撑社会消费品零售总额的驱动力。

但从相关数据来看，实体店的没落不能完全归罪于电商，电商也没有完全撼动实体店的实力。

国家统计局发布的数据显示，2016 年，我国社会消费品零售总额为 332 316 亿元，同比增长 10.4%，网络零售额 51 556 亿元，拉动社会消费品零售总额增速 3 个百分点左右，在社会消费品零售总额中所占比重为 15.5%，比 2015 年提升 1.8 个百分点。

电商经过 10 余年的发展，销售额仍然只占社会消费品零售总额的 15.5%，与实体店销售额的庞大当量相比，难平沟壑。

当然，电商急速扩张势必会挤占实体店的生存空间，抢夺利润。但打败实体店的并非电商，而是因循守旧的实体店经营者。

长江商法的专家团队在一线辅导时，接触了许多类似的案例。

老张夫妇做了近 20 年的服装生意，从一个店面不足 20 平方米的小店做起，最辉煌的时期开了 5 家店，面积总计 1 000 多平方米。大规模网购热潮来袭，老张夫妇对马云和他的淘宝网抱怨连连，一直说是网店抢了服装店的生意。他们仍然起早贪黑，努力经营，无奈从 2011 年起不得不陆续关闭店铺，到 2016 年秋彻底退出了服装零售业。

手握多年拼搏而来的积蓄，老张夫妇并不甘心就这样收场，他们决定开一家餐馆。理由很简单，他们觉得：餐饮这件事，淘宝网做不了。

显然他们没有看到“互联网 + 餐饮”的发展势头也令传统餐饮行业步履蹒跚，面临着巨大的生存危机，饿了么、百度和美团正在借助互联网冲击传统餐饮业。

不可否认，在网络购物成为许多年轻人的主要购物方式之前，倒下的实体店也不可计数，那么简单地将实体店的衰败归结于电商兴起有依据吗？马云曾说，不是我们打败了谁，而是新的消费习惯。

消费习惯的改变并非一朝一夕。许多实体店经营者面对市场显露的种种危机迹象不以为意，不求创新，才最终陷入泥沼。

以曾经经营如日中天的百货商场为例，在物资匮乏、社会消费能力不足的阶段，百货商场以其种类丰富和价格合理吸引了大量客流，然而随着时代的变迁，商品种类不断丰富，品牌层出不穷，顾客话语权增加，购买力也不断提高。从“买得到就行”过渡到“买到好的才行”，也就是卖方市场转变为买方市场。在此背景下，许多百货商场陷入经营困境，电商兴起又加重了百货商场的负担，经营现状越发风雨飘摇，勉强支撑。

是电商冲击导致百货商场没落吗？一定程度上是的，但祸首绝不是电商，而是其自身对顾客消费习惯的改变极度迟钝，最终被顾客淘汰。

同样是百货商场，河南胖东来百货却在逆境中突围，其秘诀正是与时俱进，以用户为中心开展经营。

胖东来重视员工的服务质量，被称作“零售界的海底捞”。在胖东来，顾客忘带钱了，营业员给垫上；免费为顾客修鞋，还特地冒雪送到顾客家里；被顾客错怪少找钱，也向顾客赔钱认错，认为是自己唱收唱付工作没做到位。

“服务在于细节，细节关乎成败”，胖东来对顾客体验的照顾细致到了商场的每个角落，把“细节设计”演绎得淋漓尽致，每层楼均有卫生间，一楼和二楼还设有母婴室，里面有婴儿车、净水机、热水、微波炉、更衣台、沙发……细致到无以复加。除此之外，商场里还配备了无障碍卫生间、直饮水站、吸烟室，充分考虑了每位顾客在购物之余的各种需求。顾客还可在商场服务台免费租借充电宝，边逛边充电。

胖东来不仅营造了良好的购物环境以求创造最佳的用户体

验，而且在产品体验端也竭尽所能地迎合顾客的消费习惯。产品说明、卖点宣传、应季广告基本覆盖了胖东来超市卖场的各个角落，粗略统计，仅产品说明就达近百项，每季水果蔬菜上市还要做大规模的更换，包括产品介绍、菜谱、营养价值等内容，丰富且实用。为了确保上架产品的质量，胖东来采购人员在甄选供货商的同时，也集中参与内部的产品管理培训。胖东来有厚达 228 页的《超市部·蔬果课实操手册》，其中详细规定了 64 种常见水果和 61 种常见蔬菜的拣选、陈列、包装及保鲜办法，此举保证了胖东来的堆头饱满、鲜艳，生鲜产品极少有坏斑烂叶。姜、蒜等易造成顾客挑、拣、掰的商品，胖东来规定要封装在小袋子里。这种方式极大地提升了产品的形象溢价。

在用户最看重的价格方面，胖东来虽然也做促销，但坚决不打价格战，它通过扩大自营商品品种规模，打造低价位的自有品牌，迎合消费需求，代替促销品实现了引流。

胖东来对用户消费习惯改变的精准把握是其能够在“百货萧条”中屹立不倒的重要原因。这也说明，实体店并非败在电商脚下，也不是受制于客观环境，而是故步自封酿成的苦果。

如今的商业零售模式早已不同往昔，顾客的消费习惯仍然处在变化之中。无论是对实体店还是电商，顾客都提出了新的要求——更好的体验、更好的产品、更高的性价比。如果商家不能及时捕捉，适时改变陈旧的服务营销习惯，那么无论是实体店还是电商，都会在这场新零售革命中铩羽而归。

日本实体店为何能够长盛不衰

邻国日本，电商与实体店之间的角力与中国的情况类似，日本的电商发展之初内部就蕴藏着强劲的动力，在零售市场攻城略地。

但日本的实体店并没有在与电商的厮杀中没落。日本 B2C 电子商务在 2010 年达到 5.25 万亿日元的规模，此后每年基本保持 20% 左右的增速，但与实体零售相比，仅占其规模的 2.5% 左右，目前还难以对实体零售构成威胁。大阪比较繁华的商业区（像大阪城、心斋桥、难波、天神桥、梅田等）一到节假日人头攒动，店铺生意火爆，更不用说购物天堂东京了。

日本实体店之所以能够抗击挟时代浪潮而来的电商，关键就在于其解决自身问题的决心和行动力。

日本零售业的发展在 20 世纪 90 年代初达到巅峰，随着经济泡沫破灭，日本国内经济下滑且出现了长期的通缩、人口老龄化。近 20 年，日本的零售业受经济形势影响，整体下滑趋势明显。其间，日本零售业从业者一直致力于解决内在问题。

首先，尝试增加实体店除购物之外的其他体验。如日本规模最大的复合型商业设施大阪 EXPOCITY 建有日本最高的摩天轮、日本最大 IMAX 屏幕的 4D 影院、日本首个体验型英语教育设施 English Village 以及小羊肖恩主题娱乐天地等，除此之外还植入了新科技和新理念，将娱乐、教育、购物完美融合，将其打造成为大阪北新地的娱乐核心，多角度融入居民生活。

其次，以人为本，做好细节。顾客是商业活动围绕的中心，以顾客需求为基础构建的商业经营模式无疑会受到顾客的青睐。“围绕顾客需求”的理念也正是“以人为本，做好细节”的指导实践，在日本可谓随处可见：在店铺购买商品后，收银员会用吸油纸按压小票上盖好的章，吸走油墨，防止未干的印章印记染色到其他物品上；将包装好的商品递交给顾客后，收银员还要走出柜台送一小段，然后接过下一位排队的顾客手中的商品并引导到柜台前，继续收款流程；在餐厅就餐，服务员异常忙碌，却也能将就餐区维持得井井有条，会及时塞满餐巾纸盒，将酱油瓶、椅子规规矩矩地摆回原位；下雨天，为顾客分别准备擦拭雨具与身体的毛巾，贴心又可再利用。

最后，精于产品，以匠人精神开店。对产品质量要求精益求精才能打造过硬的品牌和掷地有声的口碑。日本的匠人精神独树一帜，在他们心目中，生意没有大小之分，无论做什么，他们都能够以专注的态度对待，才会成就经营数百年的寿司店、靠煮米饭成名的“煮饭仙人”。可以说，匠心是日本实体店保持旺盛生命力的源泉。

当然，日本实体店长盛不衰的原因不止以上三点，但正是这三点让日本实体店蕴蓄了强大的基础，面对电商浪潮的冲击能够屹立不倒。

电商倒戈线下：实体店魅力未减

2015 年 11 月，亚马逊首家实体书店在美国西雅图市中心以北的购物中心 University Village 正式对外营业，之后又迅速开了四家实体书店。第二年，亚马逊又在当地开设第一家 Amazon Go 商店，主打实体零售和便捷支付。

无独有偶，国内图书线上销售巨头当当网也布局线下，2016 年在长沙开设第一家实体书店，并且计划 3 年内在全国开店 1 000 家，截至 2017 年年初已经开业的有 143 家。

过去十几年的时间里，毫不夸张地说，当当网和亚马逊用低价“逼死”了国内大部分实体书店，如今二者却选择倒戈线下，意欲何为?

放眼望去，倒戈的并非只有图书电商。近一两年，一些知名的电商平台纷纷开启线下扩张。

阿里巴巴在天津开办第一家实体店后，又于 2017 年 7 月推出了无人超市“淘咖啡”。阿里巴巴计划斥资 21.5 亿元进军线下实体店。

京东先携手便利店进驻乡镇，又以 43 亿元入股永辉，强推“京东到家”服务。

苏宁旗下的母婴电商平台红孩子尝试选址落地，计划 2017 年年底实体店数量达到 90 家。

聚美优品在北京开设极速免税体验店后，阿芙精油、御泥坊等美妆电商也先后倒戈。

以三只松鼠为代表的纯互联网食品品牌也在线下做得风生水起。

以小米和魅族为代表的以互联网为主场的手机品牌也纷纷落地，加大实体店的投入。

尽管部分电商的实体店布局更像是刷存在感的广告，但其转型背后的原因值得深思，至少说明无论是电商平台还是网络卖家，他们都没有孤注一掷地着力线上，而是看好某些实体店的固有特质，希望借此寻求更大的突破。试想，如果这些电商坚信网店可以完全取代实体店，又怎么会在线下攻城略地呢？

竞争日趋激烈，同质化日益严重，低价营销策略又使得电商难以为继，推广、仓储等各类成本不断增加，种种原因促使电商兼顾实体店，实体店可以发挥仓储、销售、展示、宣传等多方面的功能，这些对电商来说大有裨益……

这种种原因之中，最不容忽视的是用户的倒逼。

与实体店一样，电商成在用户，瓶颈也在用户。

在电商发轫之初，撒网式销售引来了巨大的客流，这也是其高速发展的重要原因。在行业红利期，少数电商平台垄断了客流，网店数量不多，竞争并不激烈。但随着各路人马杀入，电商平台之间、平台卖家之间的竞争日趋白热化，平台的运营成本陡增，平台卖家也需要投入更多的成本才能吸引关注。这种竞争导致网店运营举步维艰，能赚钱的只有那些有品牌、有口碑的大店，没有财力和口碑支撑的新店往往陷入比实体店起步期更艰难的局面。

在购买转化率方面，实体店也有无可替代的优势。据报道，“方茵曼+”上海的体验店试穿成交率达65%，而同年“双十一”期间的网店转化率仅有6%。

正是因为线上顾客引流成本攀升，倒逼电商将部分精力投入线下，增强顾客体验，以提升购买转化率。在这一点上，实体店优势明显。

电商在国内火爆多年，用户的购买兴趣有增无减，对产品性价比和购物体验的苛求也与日俱增。电商的品质参差不齐已是老生常谈的问题，传统的买卖关系出现了裂痕。买卖双方由于缺乏深度的了解与沟通，冲突频现，尤其是备受关注的假货、盗版问题，是媒体和消费者关注的焦点。这也使得许多消费者趋于理性，对网购的产品质量要求越来越严格。产品没到手之前，期待与担忧并存，这种消费体验也影响了电商的业绩增长，是电商的痛点。价格低廉、无特色工业化产品不需要太多的购买体验，但是一旦要购买特殊的或贵重的商品，有些消费者就会关注体验感。网购时，翻阅大量的评论，仔细比较。网络卖家能打出的只有“口碑”这一张牌，一旦缺乏引流渠道，唯一的通道也会被堵死。

实体店则不同，它可以通过多种渠道和方法给予顾客综合的感官体验，增加决策依据，提升决策效率，自然也就拉高了购买转化率。

这也说明，实体店与顾客之间存在天然的亲密联系，这也是实体店的魅力所在。实体店的核心优势仍然存在，而这一优势正是电商的短板。只要实体店能够把握机会，着力实现与顾客的体验联结，就一定能够扭转劣势，逆境突围。

电商的春天，也是实体店的黄金时代

提起“波导”品牌，大多数人应该还有印象，它是创办于20世纪90年代初的一家通信公司，当时其主营业务是生产寻呼机。1999年开始生产手机，业绩出色，屡次位居国产手机销量排行榜第一名。2005年年底工信部发布的数据显示，波导手机全球累计销量达到了5 000万部，成为当时第一家突破5 000万大关的国产品牌手机生产商。从0到5 000万，波导走了整整6年。

同样是做手机，2017年，小米迎来了自己7周岁的生日。7年前，小米手机的崛起可以说是业界神话。从2011年发布小米手机1代，小米便以极高的配置和极低的售价让国内消费者记住了它的名字，同时也以线上销售为主的运营模式开启了互联网手机的时代。

此后小米便依靠这种高性价比手机的定位迅速跻身国产手

机市场的第一梯队，可以说当时这种模式的诞生给了依旧处于依赖渠道商出货的传统手机品牌一记重击。2014 年，小米手机的年销量为 6 112 万部，相比 2013 年增长 227%。尽管此后销量有所下滑，但短短 4 年时间，小米手机的总销量就已过亿。

两家公司，不同的命运。由于辉煌期处在不同的时代，所以我们不能单纯从技术上找原因，一切原因中最合理的一个是：小米赶上了一个最好的时代，一个“互联网 + 手机”的时代。

波导和小米的纵向对比证明，当今时代是电商的春天，搭上互联网快车的传统行业有着出乎意料的爆发力。当然，从来没有人否认过这一点，只是我们不禁发问：“这个时代利好电商，对实体店难道就那么不公平吗？”

我们再从小米与同时代手机品牌的横向对比中寻找答案。

国际数据公司（IDC）发布的报告显示，2016 年，小米手机全年销售量为 4 150 万部，排名跌至全国第五，排在第一的反倒是一直主攻线下渠道的 OPPO 手机，其 2016 年销量达到 7 840 万部。同宗同源、运营模式也一致的 vivo 手机，销量也达到了 6 920 万部。

小米手机的“滑铁卢”引出了众多论调，最著名的莫过于“互联网手机已死”。小米借助互联网的春风取得的成就有目共睹，但其下滑也显而易见。以互联网思维运营为根本的小米手机一直坚持线上抢购模式，忽视了线下渠道的铺货和营销，OPPO、vivo 却一心发力于三四线城市，通过邀请人气明星代言和洗脑式的广告营销，抢占了三四线城市消费群。三四线城市的国产手机占有比例更大，小米手机忽略了这部分的营销推广，确实非常吃亏，而且不以性价比为卖点的 OPPO 和 vivo 手机在发展线下渠道时也更有优势，后期线下渠道成熟，销量也就相当可观。

小米与 OPPO、vivo 的横向对比也佐证：这个时代不只属于电商，也是实体店的黄金时代。

为什么这么说？因为凡是利好电商的行业大趋势同样利好实体店，一些新形式、新环境、新政策的出现则让实体店拥有更多的商机。

首先，人们的社交需求猛增。人是社交型动物，需要交流。尽管网络为人们提供了更多的交流渠道，但新形势下更多的人选择出门社交。人们会把周末与朋友一起吃饭、购物、聊天当成一种与他人分享的体验，而不会把网络购物、网络聊天当作社交成就，因此实体店功能优势凸显。

其次，线上线下洗牌已经接近尾声。电商与店商的对垒旷日持久，如今已经完成洗牌。战役过后，电商在成长，实体店也在成长。越来越多的实体店启动合理化布局，价格上更透明，服务上也更周到。这为实体店的重新稳定崛起做好了铺垫。

再次，消费观念变化巨大。价格优势一直是电商对抗实体店的核心，但随着中产群体规模越来越大，互联网链接全球，曾经刷黄金的中国大妈都开始组团出国游，消费观念早已发生潜移默化又翻天覆地的变化。同时，这也是一个由 80 后、90

后甚至00后开启的大消费时代。与他们的父辈不同，80后、90后、00后这三代人本身的消费特征极其个性化，他们的消费需求呈现强烈的“体验当道”。这一点正是手握体验优势的实体店最大的王牌。例如，商业地产中热门的太古里、诚品书店及大悦城都是主打体验牌。华润在郑州万象城推出“9¾站台”更是用文创、手作、潮服、潮饰、滑板、动漫、趣玩等小店吸引了无数年轻人。

最后，国家政策和投资环境利好实体店。以国家为主导的巨大力量也在推动零售改革升级，新零售时代扑面而来。对实体店来说，这是挑战，也是机遇。例如，以市场化方式盘活现有商业设施资源，减少公有产权商铺转租行为，有效降低商铺租金，放宽对临街店铺装潢装修限制，取消不必要的店内装修改造审批程序。同时，营造线上线下企业公平竞争的税收环境。而一些知名的商业地产商为了在竞争中生存，选择用商家的人流带动效应及影响力换租金，以获得长远的商场成长空间及整估值。

“春江水暖鸭先知”，长江商法的咨询专家团队乐观地预测：种种迹象表明这是一个属于电商的春天，而实体店也将在这春天里迎来自己的黄金时代。

第二章

网店思维：借力电商优势逆袭

让网络成为店铺的另一处入口

与实体店相比，电商的宣传渠道更灵活。只需要在线上精心设计、精准推广，电脑端、移动端就能看到店铺的产品信息。实体店则需要借助地域、门面等客观条件吸引消费者，触客成本远高于电商。

为了降低触客成本，实体店应当在网络上打开另一个入口，即使网络销售一时难以形成规模，也可以借助网络开启线上宣传攻势。

因为随着消费者的选择不断增加，在选择一家实体店铺之前，他们往往会事先上网搜索浏览店铺的相关信息，查看评价，以便做出最佳选择。此时，如果商家在线上拥有自己的一处专属入口，更多的消费者会从入口涌入后了解店铺的环境、商品及口碑，这样无疑有益于消费转化。

以常见的团购形式为例，在各大主流团购平台上，许多实体店会以超低价套餐或者代金券的形式吸引线上流量（见图2–1）。

图 2-1

团购效果可能很一般，但许多实体店仍会选择在网站上搭建一个这样的门面。对商家来说，这些流量巨大的团购网站就如同一个巨大的 B2C 商业平台，能够提高店铺的曝光率、扩大广告效应。

大多数实体店曾经只以官网作为店铺的网络门面，但逐渐发现官网存在一定的局限性，它的流量入口大却松散，缺乏用户黏性，而且内容营销滞后，在打开率方面远不及新媒体。以网红餐饮店铺外婆家为例，外婆家拥有全面的媒体门面——官网、外卖团购平台、新媒体平台，不同平台的宣传作用各不相同。以官网和微信公众平台对比进行分析，外婆家官网一天的主要流量之和不足 2 000，关键词数更是屈指可数。

同一天，外婆家的微信公众平台的一篇文章却交出了 10 万 + 的成绩单（见图 2-2）。

图 2-2

阅读量破 10 万的意义不言自明。与官网相比，微信公众号的主要流量入口相对狭窄，但其带来的流量远超官网。这也从侧面说明，打造网络门面、进行网络宣传需要更贴近消费者的消费习惯。

我们再从另外一个方面来说明线上门面对实体店的重要性。

对实体服装店来说，新款上架需要重点促销，但这种促销方式会因地域和时效性而受限。将广告牌放在实体店门口，只有过往的行人能看到，新款到货之前，店主也无法倾尽全力造势营销，到货后再启动营销，其效果必定大打折扣。网店则不同，可以将与现货一样的产品设计图、效果图展现给消费者进行预售，还可以通过消费者预付定金的形式提前摸底市场（见图 2–3）。

若实体店没有线上销售渠道，但拥有线上宣传入口，也可以将新品信息提前发布，根据用户的反馈摸底市场后及时应变

图 2–3

调整。图 2–4 是一家餐厅在微信公众平台发布新菜品。

图 2–4

可惜许多实体店并没有很好地利用互联网，在泥淖中挣扎却故步自封，拒绝借鉴网店的销售经验和渠道。其实，实体店利用现有的网络平台或者自媒体平台提高曝光率并不难，而且几乎零成本，操作上来看，增加网络入口也并不难。

第一，善用自媒体宣传平台。自媒体蓬勃发展，实体店也可以打造自己的自媒体平台。无论流量多少，至少可以为自己的店铺增加一个流量入口，增加店铺和商品的网络曝光度。

第二，不定期地做网络推广。网络上不乏“某城市最棒的 10 家小吃店”之类的文章。这种文章不一定由官方渠道发布，任何人都可以在论坛、贴吧上发布这种帖子，包括店铺经营者。当然，这只是一个例子。在网络上做这种免费的软文推广至少可以提升曝光率，当用户搜索关键词时，实体店也能够得到展示。

第三，搭建线上销售平台。线上销售平台并非只有售卖商品的价值，也可以展示店铺和商品的功能。这是越来越多的实体店正在摸索和尝试的道路，也是未来“新零售”中不可缺少的闭环。

实体店借鉴网店经验

人们常常对比网店与实体店的优劣势，不可否认，与网店相比，实体店的确存在一些优势，但如果实体店想在互联网浪潮中逆袭电商，就必须将网店的经营优势应用于实体店。

首先，实体店可学习网店，打造简单透明的定价和交易方式。

电商在中国之所以能够“横扫千军”，很大程度上归功于其独特的商业模式，其中关键便是定价和交易方式。

与实体店相比，同类产品的网络售价更低，网店口碑的累积也多源于价廉的优势。实体店则经常采用“高定价高折扣”“报高价砍低价”的模式经营，当然现在也有一些一口价的店铺存在，但总体来说，这些店铺的商品价格往往高于网店的同类商品。网店拒绝议价的经营模式无疑令很多不擅长或者不喜欢讨价还价的消费者感到非常舒心，简单、透明的定价让许多消费者对网购产生了很强的依赖性。

因此，实体店逆袭的推动力之一就是借鉴网店这种公开透明的定价和交易方式，合理定价，打造透明的消费体验。

如果实体店有线上店铺，也应当在价格上下些功夫。一些实体店开设网店后会采用低价策略吸引消费者，大部分商品的网络售价低于线下。这种做法虽然能够吸引线上的消费者，却很容易造成线下顾客流失。为了避免实体店顾客流失，可以尝试线上线下同款同价的销售策略。

每年天猫“双十一”，优衣库都是风光无限，2016 年“双十一”开启仅 2 分 53 秒，优衣库的线上销售额就破亿元，是全品类最快破亿的品牌。

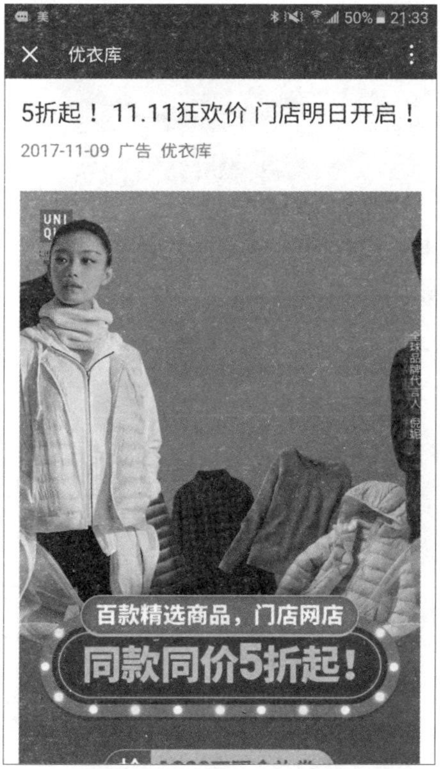

图 2-5

线上成绩斐然，线下门店也交出了成绩不俗的答卷。这一方面是因为优衣库不遗余力地将流量导入线下（见图 2–5），另一方面是因为其采用了线上线下同款同价的销售策略。

2016 年“双十一”之前，优衣库开展了消费调查，决定主打新零售体验经济，打造“优智狂欢节，门店更精彩”活动。线上下单，线下门店 24 小时内便捷取货。以线上线下部分精选商品同步优惠、门店自提和支付宝买单惊喜等多重门店活动，让顾客感受到创新服务再升级。

在 2016 年 11 月 1—13 日期间，消费者购买“双十一”精选可自提商品并选择门店自提，可以在线下 400 余家门店中任选一家快速提货，同时，在优衣库门店使用支付宝买单，即可抽取价值 11 元的门店购物现金抵用券，全国共 60 万份。

线上线下同款同价的策略为优衣库门店吸引了巨大的人流，许多店铺反映“店内顾客摩肩接踵”（见图 2–6）。

图 2–6

其次，重视顾客评价，打造优级口碑。

长江商法通过对网店的调研梳理发现，如今网店呈现出极端现象：一种是口碑极佳、流量极佳的名店，因口碑越做越大；

另一种是零口碑的新店或者负面评价较多的网店，在越来越激烈的电商竞争中，苦苦挣扎。

出现这种极端现象是受马太效应的影响。马太效应在商界的反映是“强者愈强，弱者愈弱”。网店的用户评价越多、评分越高，它收获的用户关注度越高，交易量随之增加。例如，一家店铺因某款产品爆红，口碑升级，就能够带动店铺内其他商品的销售；网店的口碑形象树立起来也有助于拉动线下商品的销售。例如，良品铺子冠名《爸爸去哪儿》第二季后，口碑和销量剧增，商家不失时机地在官网和官方旗舰店首页放上了相关海报和视频，线下门店也准备了相应的宣传材料。紧接着，良品铺子又在线下着力宣传线上产品的口碑，导购员在顾客购买时也都会推荐线上爆款，这也让良品铺子实现了线上线下双丰收。

虚拟社交，真实流量

2017 年 4 月 24 日，腾讯旗下的企鹅智酷发布了《2017 微信用户 & 生态研究报告》。报告显示，截止到 2016 年 12 月，微信全球共计 8.89 亿月活跃用户，而新兴的公众号平台约有 1 000 万个。微信这一年来直接带动了信息消费 1 742.5 亿元，相当于 2016 年中国信息消费总规模的 4.54%。

微信的庞大用户群只是互联网移动社交软件的一处集中绽

放。社交软件是为方便人与人之间的沟通交流而开发的，但随着其体量规模的日益扩大，社交软件成为商业推广的绝佳平台。

对实体店来说，传统媒体广告费不菲，在互联网时代效果也并不佳，社交推广却可以让商家的推广更精准，覆盖面更广。

先从微信说起。微商尽管现在处于舆论的风口浪尖、褒贬不一，但微商这个群体的出现的确证实了朋友圈的商业效用。现在大家基本都已习惯了用微信与人交流，微商、微店甚至网店都会借助朋友圈进行推广营销。朋友圈的价值在于传播速度快，几乎每个微信用户都会查看朋友圈的好友动态。朋友圈的巨大流量可以裨益于微商、微店、网店等电商，同样可以惠及实体店，不少大品牌也瞄准朋友圈发布产品推广信息（见图2–7）。

当然，这类社交广告是商业推广行为，并不完全适用于普通实体店。实体店可做免费的、低成本的纯朋友圈广告信息（见图2–8）。

这种以朋友圈为载体的广告覆盖面受限，但数量可观。一个微信号可以加5 000个好友，对在小区域内营业的店铺来说，朋友圈营销手段是非常有效的。也正因如此，它成为许多县镇店铺的营销首选。

当然，做任何推广都需要技巧。因为是以朋友身份添加好友，如果商家每天刷屏发推广信息，很容易被屏蔽。另外，朋友圈推广尽量图文并茂，图片不要太多，语言最好带点儿趣味性，吸引好友阅读。

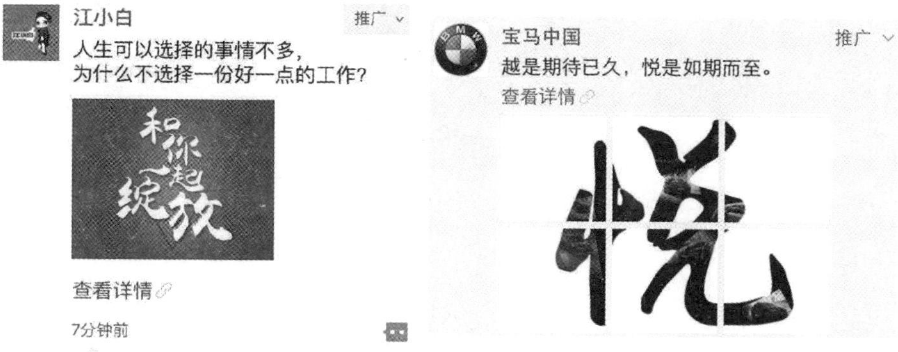
江小白
推广
人生可以选择的事情不多，
为什么不选择一份好一点的工作？
和你一起绽放
查看详情
7分钟前
宝马中国
推广
越是期待已久，悦是如期而至。
查看详情
悦

图 2-7

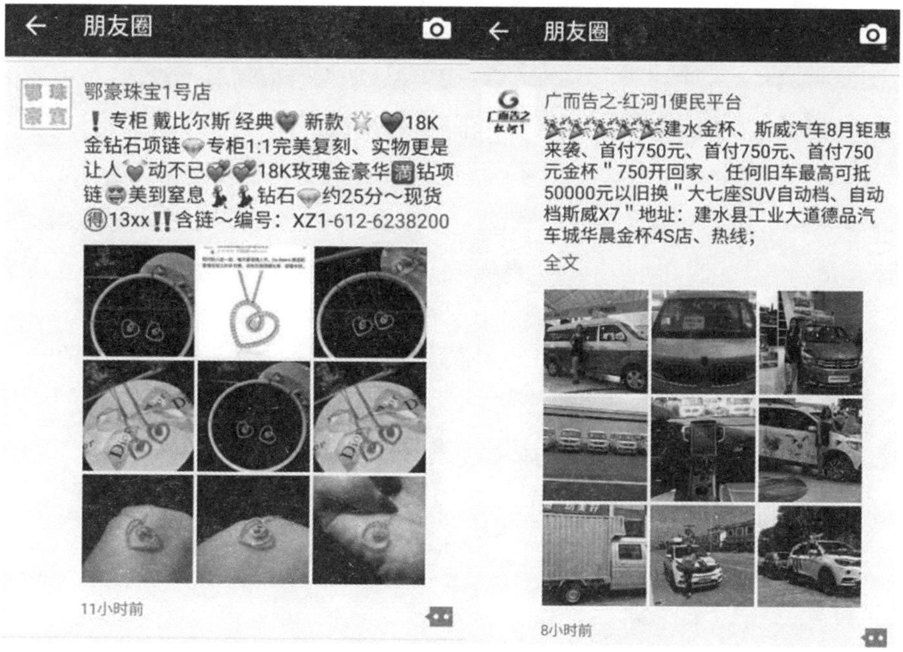
朋友圈
鄂豪珠宝1号店
专柜 戴比尔斯 经典 新款 18K金钻石项链 专柜1:1完美复刻、实物更是让人 动不已 18K玫瑰金豪华 满 钻项链 美到窒息 钻石 约25分～现货 得 13xx 含链～编号：XZ1-612-6238200
11小时前
朋友圈
广而告之-红河1便民平台
建水金杯、斯威汽车8月钜惠来袭、首付750元、首付750元、首付750元金杯"750开回家、任何旧车最高可抵50000元以旧换"大七座SUV自动档、自动档斯威X7"地址：建水县工业大道德品汽车城华晨金杯4S店、热线；
全文
8小时前

图 2-8

微信的另一个重要营销板块是微信公众号平台的推广。微信公众号是企业或者个人在微信平台的电脑端申请建立的宣传平台，企业可以在这里推广产品、发布信息，通过各种有趣的、有用的信息吸引关注者，关注者越多，影响力和宣传效果越好。

在自媒体时代，实体店最好也打造一个属于自己的网络门面。前文已经讲过，许多企业的微信公众号影响力之大，甚至可以比肩某些发行量不大的全国性纸媒。商家可以利用自己的微信公众号平台开展营销，吸引更多的消费者到店体验消费（见图 2–9）。

图 2–9

再看新浪微博，以实时性和娱乐性笼络了不少用户。新浪微博2017年第一季度的财报显示，截至2017年3月31日，新浪微博月活跃用户数量达3.4亿，已赶超推特成为全球用户规模最大的独立社交媒体网站。

与微信一样，新浪微博也具有强大的导流功能，是众商家线上营销抢占流量的关键战场。微博的实时性有助于微博营销紧跟热点。例如，2017年9月9日，必胜客官方微博发布了一条祝贺明星杨洋生日快乐的微博，该条微博短时间内即被转发近900次，远远高于必胜客官方微博内其他文章的转发次数，正是因为抓住了热点（见图2–10）。

图2–10

这也给普通实体店的微博营销指明了方向。或许我们没有与名企相当的基础粉丝群，但只要抓住热点，同样可以变身黑马冲出重围。

用互联网让消费者品尝“免费的午餐”

许多人对互联网时代的免费经济深恶痛绝，影片发行方被免费下载冲击得焦头烂额、图书出版业深受免费阅读的困扰，免费经济让许多用户的消费习惯变得刁钻，他们追求免费的福利和优惠，看到“买一送一”“买即送”这样的促销标语就会激动。这种消费习惯也成就了一批互联网公司，例如 163 邮箱在与 263 邮箱的对决中胜出，360 凭借着完全免费的优势击败了包括卡巴斯基、瑞星在内的众多收费杀毒软件。免费可以带来流量，对互联网公司来说，流量就是一切。

对实体店而言，用户的这种消费习惯也可视为引流的契机。线下的免费品尝、免费赠送早已屡见不鲜，也的确对店铺的销售产生了积极的影响。在互联网时代，实体店经营者要学会利用互联网请客户品尝“免费的午餐”。

手段一，派送礼包和红包。实体店可以在网上派送礼包和红包，赠送不是目的，真正的目的是吸引消费者到店消费。

图 2–11 是一家韩国化妆品专卖店派送的礼包，礼包的市场价格约 50 元，成本不高，但以赠品的形式吸引消费者到店领取，

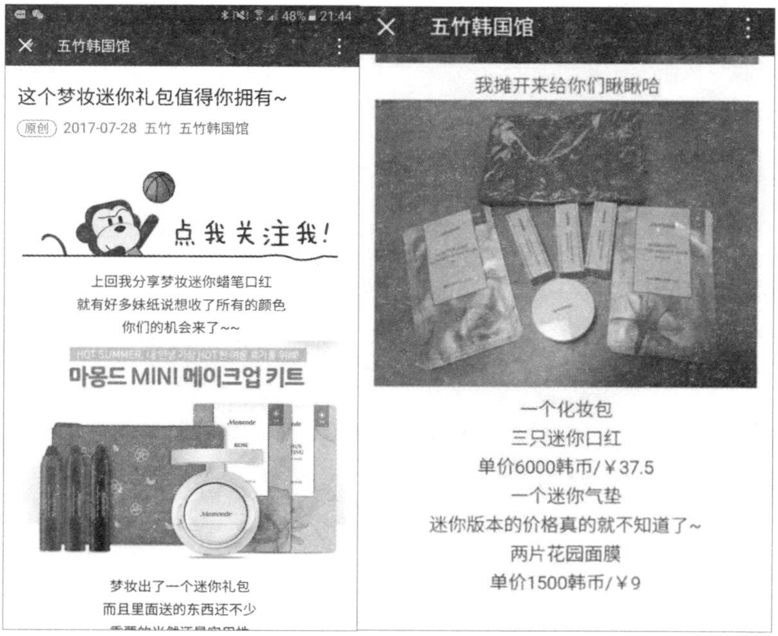

图 2-11

无疑可以将线上流量导流至线下，创造更多的利润。

除礼包外，送红包也是实体店利用互联网导流的重要手段。红包最好不要直接是现金，而是以代金券或者优惠券的形式发放。为了更好地吸引眼球、增加趣味性，商家还可以设计玩游戏抢红包的环节，让消费者更有兴趣参与其中。

如果消费者为获取红包花费了一定的时间成本，就会形成“准入效应”，那么他们到实体店使用优惠券消费的动力就更强。当然，商家设定的时间成本不宜过大，否则会适得其反。

手段二，满减策略。满减策略一直以来都是实体店经营者青睐的促销方式，“买一送一”“一件 9 折，两件 8 折”等促销方式的确有效，但缺乏新意，对消费者的吸引力弱。比如，尽管“满 100 返 100”听起来更有噱头，但是用代金券的形式返还，还需要再次消费，“满 100 减 70”则是直接减免，促销效果显然更好（见图 2–12）。

图 2–12

图 2–13 中这家餐厅的活动其实优惠力度并不大，但其在网上做足了噱头，自然也能吸引眼球，让消费者动心去参与。

手段三，互联网式定价。互联网时代的定价手段屡屡推陈出新，滴滴打车一分钱乘车、顺丰速运一分钱寄快递，其中有噱头，也有营销。这种超低定价吸引线上流量的方式在线下也收效显著。

或许有人抱怨，滴滴和顺丰财大气粗，普通商家怎么能承受这种亏本生意！

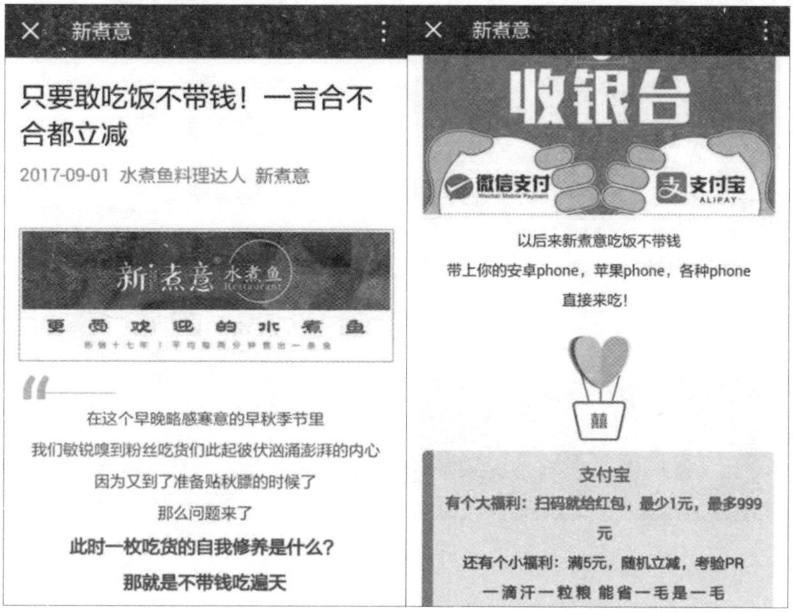

图 2–13

错！在互联网时代，没有什么是不可能的。因为越来越多的商家意识到，想要让更多的人了解你的店铺，就必须加大促销力度，这其中就包括低到离谱的价格。如图 2–14 所示，这家美容院利用店庆契机，适时地采取低价营销策略，虽然牺牲了利润，却能够赚足流量，享受这个优惠的人越多，潜在客户群越大。

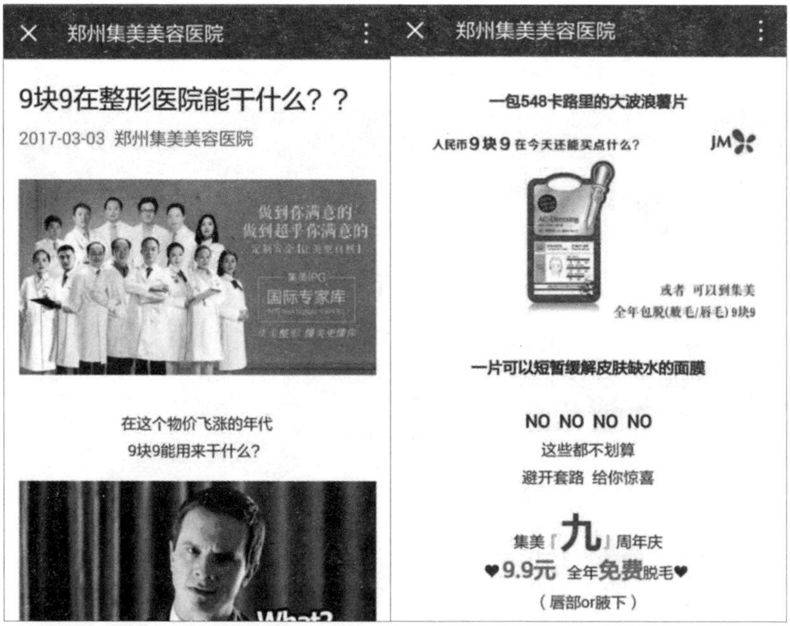

图 2–14

手段四，完全免费。完全免费的促销策略适用于新开的或者推出新品的店铺，目的很简单，就是为了吸引流量，让消费者了解店铺或商品。这种策略不适用于产品成本高的店铺，却值得小店一试。如图 2–15 所示，餐饮店“又卷烧饼”以免费吸引食客，巧妙地利用朋友圈点赞活动扩大宣传受众范围，粗略计算，一个又卷烧饼的成本至少能换取 9 个人的关注和了解，对一家新开业的店铺来说，这也是非常划算的生意，值得一试。

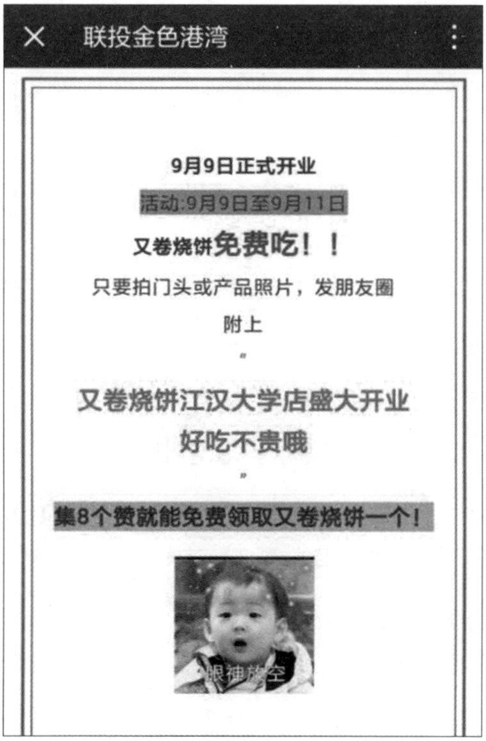

图 2–15

实体店也要开网店

很多实体店老板想不明白：我们跟电商不是死对头吗？怎么现在很多实体店都在喊线上线下结合，搞什么新零售呢？还有，网店如果那么好做，我们又何必在线下苦苦支撑，直接开网店不行吗？

其实，这种“非黑即白”的观念影响了很多人。实体店与网店从来都不是对立的，所以为什么不能将两者结合，借助网店的优势实现逆袭呢？

第一，实体店开设网店，引流打破空间限制。理论上，只要有网络和终端，用户就能够逛网店。实体店则是占尽地利，才能拥有源源不断的客流，倘若“藏在深山人未识”，那么就算是喊破嗓子，也不一定有人注意到。对网店来说，只要你头脑灵活、推广得道，消费者自己就会找上门来。时和集团董事长方俊森 2015 年时就断言：“2016 年，美容院的竞争将是手机端和电脑端的竞争，谁能把美容院开到顾客的手机和电脑上，并且让顾客习惯从手机和电脑上了解你店里所有的资讯，不论你现在店大店小，你都将成为赢家。”

现在越来越多的美容网店、美容团购也从侧面印证了方俊森的判断（见图 2–16）。美容店都需要走到线上，更何况其他商品零售店铺呢？

图 2-16

第二，实体店开设网店可延长营业时间，节省人力的同时，还能降低顾客流失率。网店是实体店的一种补充，也是一种延伸。实体店很难做到一天 24 小时、一年 365 天不间断地运营，网店却可以在无人值守的情况下照常营业，交易时间上的全天性和全年性也大幅提高了交易成功的机会。现在有一些实体店为了能够延长营业时间，采用两班倒甚至三班倒的工作方式，有的夫妻店老板甚至直接在店里吃住，以牺牲个人生活的方式延长营业时间，费神又费时。如果开一家网店，店主无须自己站柜台，也不用雇店员，只需上网处理咨询和订单。店主完全可以在享受生活的同时把网上小店打理得井井有条，还避免了因为来不及照看店铺造成的损失。不但节省了人力，客户流失率也能因此降低。

第三，实体店开设网店后，销售规模不再受经营面积的限制。实体店的面积多大就只能摆放多少商品，经营规模受门店面积限制。然而网店的商品数量和规模并不受限制，实体店店主可以精选几款货品放在网店力推，也可以将实体店在售的货品全部拍照上传至网店，主要看经营方式和投入的精力，客观因素限制不大。

第四，实体店开设网店可以提高顾客的购买效率，增强互动性。网店的开放性有助于消费者快速找到自己想要的商品，每种商品也都可以通过详细说明图文并茂地得以展示。也就是说，消费者可以在短时间内完成进店、筛选、购买，甚至无须与店主沟通，自助购物也大大减少了客服导购的工作量。

第五，实体店开网店可以带动实体店的发展。前文已经讲过这一点，网店受众范围更广，可以完善实体店形象，将客源导流至线下，提升实体店客流量。

稳扎稳打，开通线上销售线

实体店与网店的关系在新零售时代逐渐转为相辅相成。电商纷纷倒戈线下，搭建一体化销售平台；实体店也不甘落后，不遗余力地进军线上，力求打通网络销售线。

利用并向网络平台靠拢无疑给了实体店一个双向交流的机会：既可以在电脑端或移动端与客户一对一地交流，又可以借助网络平台直接销售，缩短购物流程的同时，拉拢更多消费者。店铺体量不同，线上销售的方式也应该灵活多变，避免千篇一律，下面我们就列举几种线上销售平台的类型。

类型一，官方商城。如今门户网站早已不再只有宣传门面的作用，更是拓展销售的平台。当然，在官网上直接销售需要强大的技术支持，最关键的是企业和品牌要具备一定的权威性，所以这种方式只适合大中型企业、口碑信誉极好的品牌。

例如近几年重拳频频的格力电器在国内积累了庞大的忠诚用户群体。除了在各个城市开设实体店、在各大电商平台做旗舰店外，格力电器也向互联网平台靠拢，搭建自己的网上商城。

在格力官方商城，消费者不但可以浏览格力的新款产品，还可以根据首页设置的“区域专享入口”进入自己所在省市的专区（见图 2–17）。一些爆款、热销产品更是在首页突出显示，实体店有的产品在网络商城也能找到。为了迎合移动快捷支付

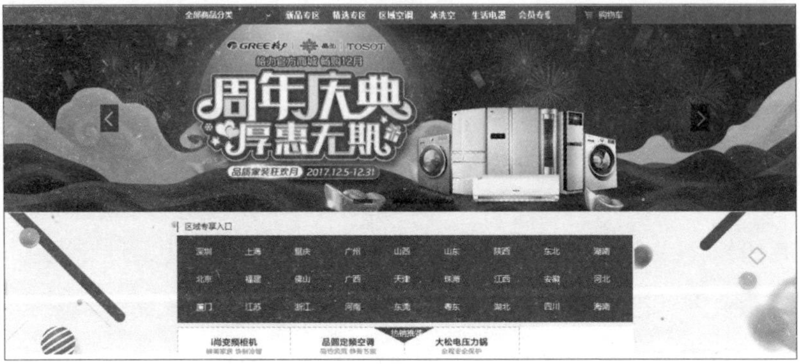

图 2-17

的需要，格力官方商城也设置了微信、支付宝等快捷扫码支付方式，极其便捷。

不仅仅是格力，很多品牌（例如海尔、惠普、联想）都纷纷创立了自己的网上商城。

类型二，移动端销售平台。说到抢占移动端，首先想到的是开发 App，但是开发成本高，小实体店难以承受。所以，可以关注门槛较低的移动端平台。例如微信公众号、微店和微信商城，将实体店的商品直接搬到微信上，方便线上用户查找购买。

一碗羊汤是一家实体餐厅，经营者很早就尝试微信公众号推广，在一碗羊汤的微信公众号里，顾客可以直接点餐，选择堂食或打包带走，还可以叫外卖（见图 2–18）。

除微信公众号之外，许多实体店会选择微店或微信商城作为移动端销售平台（见图 2–19），基于微信庞大的用户群体，这种选择能够给实体店的营销带来突破。

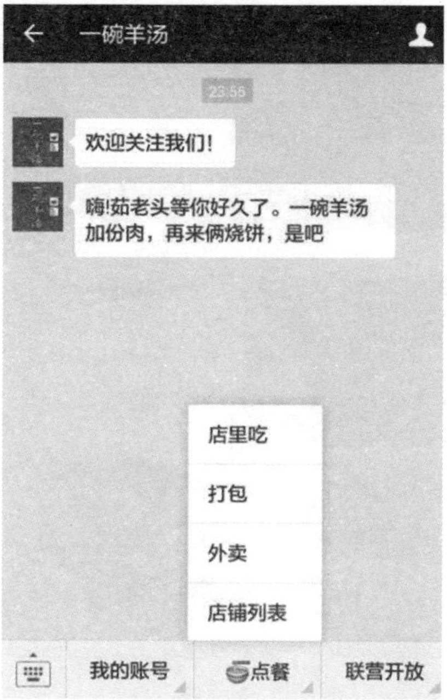

图 2-18

类型三，登录第三方平台。搭建官方商城、开发 App 这样的营销手段只适用于实力雄厚的企业，对大部分中小实体店来说负担较重。因此，借力第三方平台就成为首选。如今，天猫商城、京东商城、苏宁易购等电子商务网站具备完善的模式和庞大的流量，完全可以帮助中小实体店搭建网络销售线。

四川成都日月鑫家居在当地小有名气，为了获得更多的线上流量，日月鑫也大规模进军互联网，分别在天猫、京东等多家大型电商平台开设旗舰店（见图 2-20），效果显著。

图 2-19

事实上，随着新零售概念的普及，越来越多的实体店经营者意识到网络销售平台的重要性，开始尝试从线上的巨大流量中分得一杯羹。这种省心省钱的方式也给不少实体店带来了意想不到的收获。因此，对一些中小实体店来说，用这种方式打开线上平台、获取线上利润是非常不错的选择。

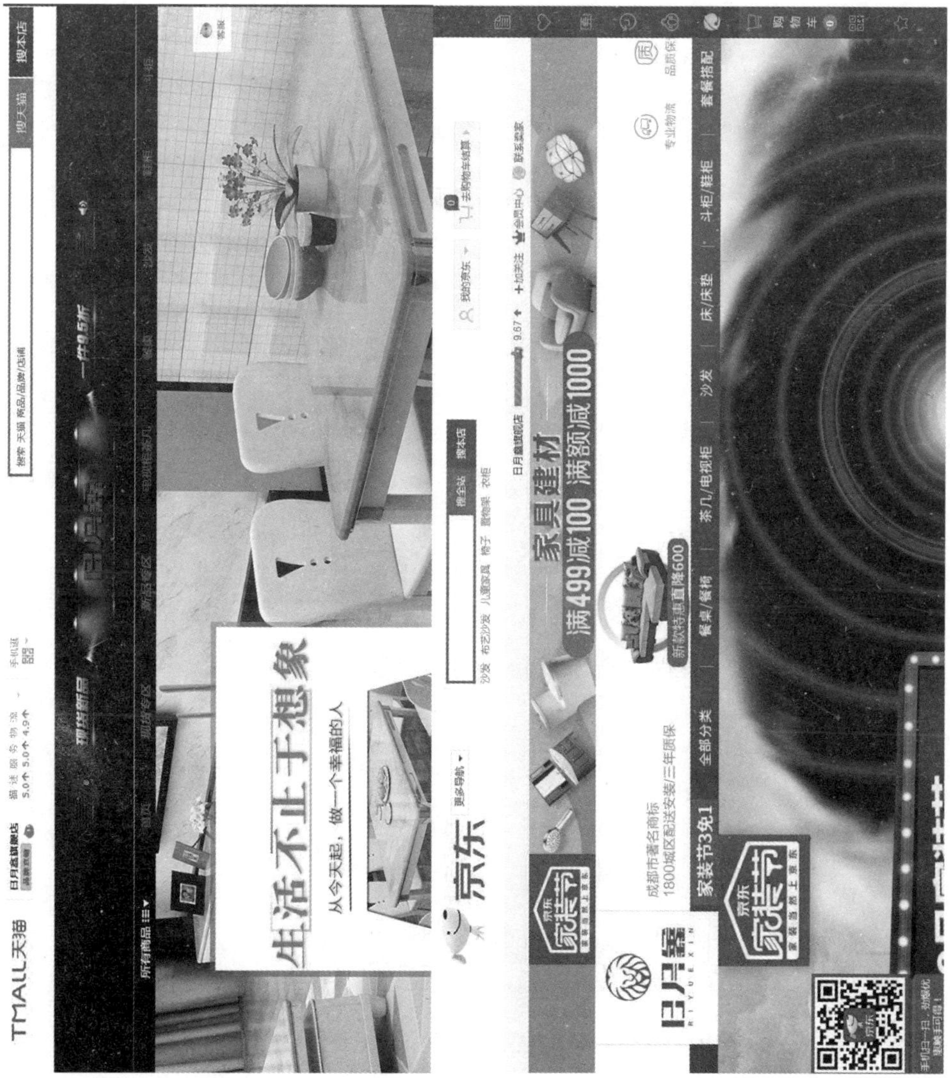
TMALL天猫
搜天猫
搜本店
所有商品
现货新品
生活不止于想象
从今天起，做一个幸福的人
京东
家具建材
满499减100 满额减1000
新软特惠直降600
成都市著名商标
1800城区配送安装/三年质保
家装节3免1
全部分类
餐桌/餐椅
茶几/电视柜
沙发
床/床垫
斗柜/鞋柜
套餐搭配
专业物流
品质保

图 2-20

互联网时代要学点儿危机公关

在十年前或者更久之前的市场环境中，消费者知情权有限，话语权更弱，甚至受到不法商家的欺骗后投告无门。随着网络的普及，普通消费者的监督力量空前强大。移动互联网和智能手机的出现唤醒或强化了消费者的表达意识，极大地调动了他们参与社会事务的积极性。当他们不满于产品质量问题、设计问题时，或者对服务牢骚满腹时，他们可以在网络上直接地、自由地表达情绪。即便是公信力较好的企业，若有失误，让消费者无法容忍，消费者也认为自己长期支持该企业是受到了愚弄。

犯罪学有一个著名的理论——破窗理论。如果一栋建筑的其中一扇窗户的玻璃被打碎而没有及时得到维修，有的人就可能认为这是暗示性的纵容，肆意打烂更多玻璃。最后，在这种具有强烈暗示性的氛围中，攻击性的行为就会演变成一种炫耀性的行动。因此，若品牌遇到危机时没能立即启动应急措施，那么会给网民一种默许攻击的假象，使一些本可以小而化无的事情发酵为难以控制的危机，成为众矢之的。

总之，不论网民出于何种心理声讨企业，当危机通过网络媒体与亿万公众紧密相联时，此前网络媒体的所有优点摇身一变成为致命的武器。因此，品牌公共关系服务的对象除了媒体，还要关注数亿网民，互联网时代的舆论公关给实体店带来了巨大的挑战。

2016 年年底，湖南金牛角王和北京汉丽轩餐厅接连被媒体曝出所售的牛排中含有鸭肉，瞬间陷入舆论危机，事件不断在网络平台发酵，一时间两家餐企都陷入了经营困境。

在这方面，网店具备一些天然的优势，以及处理危机的灵敏度。

2014 年 11 月，主营彩妆产品的网店魔丽彩被传售假，称魔丽彩撕拉式唇彩“在韩国无此款”。事情发生后，魔丽彩立即发布声明，列举一系列证据证明自己的进口产品都是正品，并且在网店首页贴出了韩国工厂的认证声明。随后魔丽彩又通过微信辟谣，直指这是竞争对手打压自己（见图 2–21）。

图 2–21

网店的危机公关意识值得实体店借鉴。实体店因缺乏公关意识遭受重大打击的例子不胜枚举。

2011 年 7 月，国内媒体曝光味千拉面的汤底是调料勾兑的，并不是店铺宣称的“猪骨熬制”，引发一片哗然。随后，味千拉面的相关负责人承认汤底是由浓缩液兑制而成，并不是调查中所说的调料勾兑，并声称汤底有营养，还给出了一份机构的鉴定报告。

但又有媒体曝光，味千拉面的鉴定报告不实，是欺骗消费者和媒体，并要求其道歉。味千拉面还没从“骨汤门”里逃出又陷入“鉴定门”，此事件将舆论关注推向高峰，味千拉面受到各界的质疑，媒体着手发掘更多信息，“贴牌日货”“买报告”等负面消息层出不穷，国家有关部门也介入调查。

7 月底，又有媒体曝出其“去年因添加剂被罚 78 万元，未在年报披露涉违法”，至此味千拉面的“瞒报门”再次将自己推向风口浪尖，8 月 5 日，味千拉面停牌。但事情并未就此结束，媒体进一步追踪其加工厂，曝出厦门的“黑工厂”、中关村的“中央厨房”等不合规现象，味千拉面又深陷“加工门”，面对来势汹汹的媒体报道，味千拉面仍然拒绝公开相关信息。

与味千拉面同属餐饮业的海底捞在危机公关方面的表现则可圈可点。

2017 年 8 月 25 日，《法制晚报》报道称，记者在海底捞的两家门店卧底调查期间，发现其后厨卫生问题严重，并直指海底捞漠视食品安全问题（见图 2-22）。

图 2-22

海底捞一直被誉为餐饮界的“神话”，当食品卫生隐患问题被曝光，就相当于饮食业的标杆倒了，民众多感到震惊甚至愤怒。

然而，海底捞 8 月 25 日下午迅速做出的回应使原本的民怨沸腾扭转为“还是选择原谅它吧”。

尽管海底捞被指出有刻意引导舆论之嫌，但这次危机公关被专家认为是互联网时代的经典案例，其及时、诚恳、公正、虚心的态度值得每家实体店学习。

味千拉面暴露出的诚信问题值得餐饮行业乃至社会各界引

以为戒，海底捞却告诉我们，实体店也可以像电商一样借助互联网扭转危机。而这一切都需要实体店在经营中加强自律，不断提高行业透明度和公信度。

同时，实体店的种种危机也暴露出其在舆情管理、舆情应对方面的不足：漠视媒体和公众的反应，一味沉默和敷衍，回应和信息公开不及时、不准确，缺乏足够的诚意和应变能力，致使事件不断发酵、恶化，公众满意度和信任度难以为继，损失惨重。在信息高度发达，信息渠道不断丰富的互联网时代，品牌以更诚信、透明、负责任的形象展现在公众面前，赢得消费者的信任、实现品牌长足发展是重中之重。

第三章

用户体验：实体店突围的最佳着力点

重塑用户思维，紧跟用户需求

2015 年 11 月，广州国际车展前夕，大众汽车发布了一条重磅新闻，停止使用“车之道，唯大众”这一口号，取而代之的是新口号——“车之道，为大众”。一字之别，读音略异，却被认为是大众汽车正视用户体验、重塑用户思维的节点。

用户思维即“以用户为中心”的思维模式。这一概念早已有之，只是在互联网大潮下新瓶装老酒，重新发酵后，它又成为各行业困境突围的软装备、实体店解决经营困境时常用的靶标式手段。信息不对称的时代，用户的话语权和选择权并不大。互联网使信息公开透明，不断增强用户的话语权和选择权，使用户真正成为“上帝”。实体店要想在与电商的竞争中逆袭，就必须紧紧抓住用户的心。

越来越多的店铺经营者意识到用户思维在店铺经营中的重要性，对用户的精准拿捏也成了打造核心竞争力的捷径。

2011 年年初，重庆人陈星宇在当地开了一家名为“钓龙无刺鲫鱼”的小饭馆，店面不大，在美食扎堆的重庆毫不起眼，因此生意不温不火，每天入不敷出。陈星宇想了很多办法试图扭转败局，发传单、做车载广告、菜品设计推陈出新……可努力似乎是徒劳的，他的门店生意仍然不见起色。

改变发生在 2013 年，这一年，陈星宇见识到了微信的魔力，他决定利用微信吸引食客。

在原始粉的积累上，陈星宇用的也是老套路——扫码关注就打折。但陈星宇玩微信的套路很独特，他用微信私号跟顾客玩了起来，每天讲故事、写段子，还跟顾客一起在微信上玩游戏，玩的比他好的可以得到奖品。针对来店食客大多比较年轻、爱玩这一特点，陈星宇在菜单设计上下功夫，将菜单做成试卷：选择题是 12 道主打菜，顾客只需打钩，简答题为配菜，顾客可以根据店内黑板上提供的时令食材随意搭配。菜单上还幽默地写有一句：认真填写，可用拼音替代。

试卷菜单别出心裁，到店的食客无不觉得新奇有趣，纷纷拍照发朋友圈，吸引了更多猎奇的年轻食客。

陈星宇还邀请食客参与菜品开发、设计、取名等环节。每次有新菜，他会请食客取名，一经采纳，便给出丰厚的奖励，比如店内所有素菜对中奖者终身免费，这也让参与者大呼好玩、有诚意。

基于对消费者需求的精准把脉，陈星宇吸引了大量微信粉丝，进店消费的人 95% 来自微信。旺季时月营业收入超 15 万元，而且店员只有 5 人。后来，他将这种方法延续下去，连续开了 4 家分店。

陈星宇的“微信 + 餐饮”模式证明，传统餐饮与互联网的联姻注定了餐饮人必须将更多的精力放到用户身上，回归用户身边，围绕他们的需求和偏好做文章。不同群体的需求各异，众口难调，一家餐厅只能取悦一部分人。所以，该满足哪类用户的哪种需求——这就是餐饮人首先需要做的定位功课。

通俗来说，定位就是跑马圈地，就是在众多用户中锁定要服务的人，确定如何满足其消费需求。

北京市朝阳区工体东路有一家 TRIBE 有机餐厅，餐厅定位于有机、健康和充满创意，餐厅的食材绝大多数经过有机认证或是采用有机方式生产，少盐、少油烹饪，用烘烤代替油炸。食客从菜单上就能学到不少营养学知识，菜单上每道菜的下方都有一行像“密码”一样的缩写字母和图标，菜单底部对这些“密码”进行了解读，比如 ++ 代表富含维生素、V 代表素食、VV 代表纯素、F 代表富含纤维素、GF 代表不含麸质……所以，对麸质过敏、是蛋奶素或者纯素食者，都可以在这里找到适合自己的美食。

TRIBE 的目标顾客群就是有一定消费能力的都市中产阶级，人均 130 元的客单价也吸引了大量注重生活品质和饮食健康的年轻人前来消费。

TRIBE 针对用户群体的精准营销其实就是用户思维的一种体现。对用户群体的定位实质上也是对用户需求的定位。根据马斯洛需求层次理论，餐饮消费者同样存在 5 种需求：生理需求、安全需求、社交需求、尊重需求和自我实现需求。层次越高，用户的需求成本就越高。

“吃饭是刚需”的时代早已过去，用户选择哪家才是刚需。

优秀的餐饮企业往往能够在降低顾客成本的同时满足其预期需求，甚至是弥合其更高层次的需求。就像 TRIBE 一样，在食品安全问题越来越严峻的今天，它不但解决了顾客“吃好”的需求，还能够让食客感受到生活的品味和在饮食方面的终极体验。

这对所有实体店来说都是一种考验和契机。在这个消费者主权时代，无论是销售产品还是提供服务，无论是零售商还是服务商，都必须以消费者为真正核心，尊重消费者的自主意愿和需求，否则“关店”将不再是危言耸听。

这也就要求实体店在面对消费者时先摆正心态，真正地树立用户思维。

第一，不要尝试教育消费者。几乎所有人都讨厌被说服和教育，正确的做法应当是站在目标消费群的立场揣摩他们的心理，设法满足他们的不同需求。

第二，抓住用户的痛点。痛点即商机，是实体店改变策略、提升战略水平的机会。

第三，把产品和服务做到极致。将选择权交给顾客，但打铁还需自身硬，不把产品和服务做好，顾客又怎么会选择你呢？

第四，根据消费者需求做好自我定位。针对消费者的需求提供产品和服务，即根据目标受众的定位打造自我定位。

进店如进家，顾客自然买单

现在有许多企业都在着力打造“家文化”，号召员工将同事视作家人。为什么企业要打造家文化？初衷很简单，正是为了增强员工对企业的认同感，为员工营造家庭氛围，保持员工的忠诚度。

如果实体店能够营造出家的氛围，让顾客进店如进家，他们买单的概率将大大提高。

看过美剧《老友记》的人都对其中一个场景有深刻的印象，那就是几位主角经常相聚聊天的“中央公园咖啡馆”。这家咖啡馆从环境布置上看就非常温馨，不仅仅是主角们休憩谈心之地，也是纽约曼哈顿白领们的休息场所。在陈列布局上，这家咖啡馆消除了纯粹的商业气息，布置上更像普通家庭的客厅。人们坐在宽敞舒适的沙发上聊天、饮茶喝咖啡，兴致来了还能在咖啡馆内唱歌跳舞。而且，来这里的人大多是熟客，客户与服务员之间的关系融洽，彼此会随意打趣、开玩笑。

实体店里家一般的氛围使得顾客身处其中感到相当放松惬意，提升到店顾客的购买率、增强用户黏性。

实体店铺打造“家概念”要重视环境设计，首先从视觉上给顾客以家的感觉，其次要会讲故事，一件商品摆设陈列出来要能够让客户联想到生活中的温馨场景，比如舒适的沙发、充满年代感的物件或者家庭照片。

位于上海漕溪路的宜家家居在附近居民和白领的消费体验中是难以替代的存在，宜家室内的所有陈列和环境布置的初衷都是为了延伸消费者的家庭概念（见图 3–1）。从布艺沙发到书桌书柜，再到温馨的全家福和宝宝照片，“家概念”甚至细化到小小的床头阅读灯，这种布置为顾客营造了一种妙不可言的消费体验。截至 2017 年 9 月，宜家家居仅在大众点评网的累积评价就突破 21 000 条，其中不乏对餐厅环境的褒奖（见图 3–2）。

除了内部的固定陈列，店铺还应结合节假日营造相应的节

图 3–1　上海漕溪路宜家家居内景

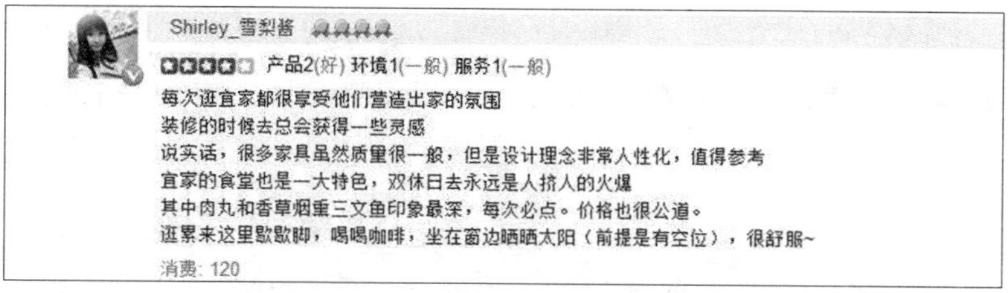

图 3-2　大众点评网网友对宜家家居的评价

日氛围，例如情人节、圣诞节、春节等节日到来之前，许多商家都会装扮店铺，意在用节日的暖心和喜悦为顾客创造更好的消费体验。

当然，实体店环境的布置和陈列只能算是"家概念"的硬装，光有硬装是不够的，还得有软装——服务。服务人员是联结店铺和顾客的纽带，是实体店的气质门面，服务人员的一举一动都会影响实体店留给顾客的印象。那么服务人员应该怎么做来营造店铺的温馨感呢？最基础的就是像对待家人一样对待顾客：轻松自然，热情但把握好尺度，不让顾客产生压迫感——想躲远一点儿，让顾客感受到关怀和照顾，无拘无束。

消费也不乏乐趣

每个人都有"逐趣"心理，在这个娱乐至上的年代，新闻播报可以娱乐化、文学可以娱乐化，娱乐营销更是层出不穷。娱乐具有魔力，能牢牢抓住受众的眼球。

实体店在完善消费者购物体验的过程中可以尝试打造富有乐趣的消费过程，加深顾客对店铺的印象，吸引更多的消费者前来。

2017 年年初，微博上一段“拉面小哥跳舞”的视频突然火了，视频中身着厨师服的拉面小哥伴着音乐一边跳舞一边拉面，旁边还有一群拍照围观的群众（见图 3–3）。

图 3-3

发出这段视频的是成都黄龙溪的一位面馆老板游先生。游先生的面馆生意一直不太好，喜欢看快手的他萌生了绝妙的想法，跟伙计商量，让他一边跳舞一边拉面，拍下视频后上传到网上。

没想到这段视频突然火了。许多人专程从外地赶来黄龙溪就为吃碗面，还点名让这位拉面小哥拉面。有的食客甚至一下点五六碗面，只为看拉面小哥表演，面却送给其他食客。店铺的生意自然因此好转，并随着微博的热炒变得越发红火。

遗憾的是，大多数实体店老板因循守旧，比如只在节假日打折促销、派发店铺宣传单，以为这些常规的营销就能让实体店顾客络绎不绝。殊不知，这种促销方式早已提不起消费者的兴趣。武汉市的武商亚贸广场是一家经营了 15 年的综合性购物中心，它能够在武汉商业发展的巨大变迁中发展，离不开经营团队顺应市场的经营理念，无论是经营者还是一线服务人员，都善于体察顾客的需求于细微之处，注重顾客从踏入卖场开始的每一点体验。

每年妇女节，武商亚贸广场都会组织一些活动。他们曾经举办过一场热闹非凡的“百变女王试衣会”，邀请 30 名女性 VIP 顾客参与，由知名品牌设计师现场为她们量身打造极具“女神范”的造型，活动现场用紫色羽毛、宫廷般的装饰营造出华丽、优雅的环境。受邀的顾客不仅可以亲身体验踏上红毯变身“女神”的感觉，还可以享受 10 位外形和气质俱佳的“男神”全程周到的导购服务。

妇女节的活动多以女性视角为切入点，为女性消费者提供从商品消费到购物体验的全方位服务，赢得了消费主力军的芳心。

武商亚贸广场的圣诞节活动也别具一格，摒弃了各大商场打折、减价、送券之类的促销活动，在商场门口摆放了一只招财猫，让顾客直接“抓钱”。许多顾客排队参加，看着钞票在招财猫肚子里翻滚，参与者使出浑身解数抓钱，围观者跃跃欲试。这次活动在微博上收获了非常大的反响，不少网友发微博分享在活动中喜抓百元现金，引来大量评论和转发。

武商亚贸广场负责人在接受媒体采访时说：“促销也要充满乐趣，我们就是要带给顾客新鲜和快乐！”正是因为武商亚贸广场抓住了消费者的需求，让他们参与其中、沉浸其中，感受到快乐，才换来了令人欣喜的客流量，许多人甚至驱车十几公里特意到武商亚贸广场购物。

与网店相比，实体店有更多的机会让消费者感受到购物的乐趣，促进消费。

那么，如何使消费过程充满乐趣呢？

首先，营销形式要有趣。提到这个，就不得不提“叫个鸭子”，这个由互联网团队打造的中餐品牌一直致力于让品牌变得更有趣。从品牌名称到产品名称，“叫个鸭子”一直以新奇有趣吸引消费者。尽管它并不算严格意义上的实体店，但在营销上玩尽了噱头，值得经营者学习。

其次，购物过程要有趣。传统的购物模式就是顾客进店选购，导购答疑解惑，顾客做出选择并结账。这种交易模式过于呆板陈旧。商家可以适当地增加一些有趣的环节，例如增加游戏和表演环节，吸引顾客参与其中。

最后，设置一些特色鲜明的产品。例如餐厅的菜品设计有蜂窝煤蛋糕、大董的冰糖葫芦棉花糖……这样设计就是为了增加新鲜感，优化就餐体验。

产品可以单一，体验尽量多元

在传统商业经济时代，一家店铺的产品决定顾客的体验。例如餐厅提供美食满足顾客的口腹之欲，服装店满足顾客的穿戴需求，产品单一，随之顾客的体验也比较单一。

但互联网经济的浪潮推动着店铺发展，顾客追求的体验感越来越丰富。在咖啡馆，消费者不再单纯地为歇歇脚、喝杯咖啡，他们挑剔环境，希望放松地听听音乐，联上店铺的 WiFi 上会儿网；在超市，消费者不再只是来去匆匆地购买生活必需品，他们希望有小憩喝茶或者看书的地方悠闲地待一会儿，放慢生活节奏。总而言之，消费者需求已经悄然发生变化。

嗅觉灵敏的实体店经营者已经着手为顾客创造全方位立体的综合性消费体验。下面这家旅游公司的整体设计就是打造一个三位一体的综合性实体门面。

“书吧－茶吧－旅游服务”三位一体营销模式可行性研究报告

随着我国经济的迅猛发展，人民生活水平不断提高，旅游业迅速增长，截至 2015 年年底，中国旅游行业的总规模已经超 3 万亿元，众多投资者和创业者瞄准旅游行业，但看似光鲜的数据背后隐藏着威胁，不容忽视。

旅行社危机四伏

在互联网时代，许多传统行业风声鹤唳。自从网购成为人们购物的另一种选择后，传统的服装、饰品、家居行业遭到了彻底的颠覆，门店不再是经商必备。旅行社也在这种新形势下艰难度日，弊端渐渐浮出水面。

1. 竞争越发激烈。传统旅行社的产品设计技术含量很低，难以形成有效的行业壁垒，很多行业内部人士和非内部人士都能自我组合线路，分享行业利润。例如，携程网就利用网络上“酒店＋机票”的形式与传统旅行社争抢市场份额。

2. 传统优势逐渐式微。旅行社的传统优势是把旅游者组织起来形成团体优势，从航空公司、酒店、景点拿到最优惠的价格。但近年来，这种优势频频受到挑战：交通、住宿、景点门票的价格趋于透明，旅行社的利润空间越来越小。订票、订房、就餐、推荐线路、景点介绍等传统旅行社的优势服务项目也受到互联网时代信息大爆炸的冲击。互联网时代的信息分享透明度更高，资料更全面客观，价格也更合理，这也让自助旅游变得实惠便捷。

传统旅行社陷入危机从根本上说是产品平庸化、营销手段单一的恶果。

避免平庸，唯有创新

前瞻产业研究院发布的《2013—2017年中国旅行社行业市场前瞻与投资战略规划分析报告》深刻分析了旅游行业的前景，报告认为，传统旅行社的服务模式已经无法满足消费者的需求，想要继续生存、发展、壮大，必须做好三点：

· 区分消费者需求，界定明确的客户群。

· 经营方式灵活化，提供个性化服务。

· 提高服务品质，打造品牌效应。

而这三点的核心正是创新，也就是说，只有创新才能够让旅游业长足发展。

面对旅游业的危机，寻求突破和创新，决定采用全新的营销模式——“书吧－茶吧－旅游服务”三位为一体的营销模式。

1. 书吧。阅读是人们增长知识、提升文化品位的休闲方式。在城市生活压力日益加剧的今天，阅读成了很多人眼中的奢侈品。书店太少，限制了人们的活动半径，而在家中读书又没有那种“挑书读”的快乐。在人来人往的商场开辟一个书店，无疑会成为亮点。

2. 茶吧。人们更多地追求立体的享受，如果在阅读的同时能够享受到优质的品茶服务，让消费者感到放松的同时，还能够为营销做好铺垫。

3. 旅游服务。旅行社的根本还是为客户提供旅游服务，在他们阅读、品茶的过程中，旅行社可以提供更灵活的服务，甚至可以让他们在琳琅满目的风景照片中主动做出选择。

1+1+1 ＞ 3

传统旅游行业产品平庸、营销手段单一造成的危机并不可怕，用心打造三位一体的营销模式可以从根本上改变这种现象。

1. 服务个性化。阅读和品茶都是比较优雅的休闲方式，二者的结合可以冲淡传统旅行社的商业气息，提供给客户温馨、自由的空间。

2. 帮助旅行社精准地吸引潜在客户。旅游是人们在物质生活得到极大丰富之后的产物，是人们对美好精神生活的追求和向往。阅读和品茶与旅游一样，也是精神追求。人们的兴趣往往存在同质性，一个喜欢阅读、品茶的人对旅游也一定不会避而远之。也就是说，三位一体的营销模式有助于筛选优质的潜在客户。

3. 给客户更大的自由选择空间。近十年，人们的消费观念发生了极大的变化，对传统的硬推销模式的接受度越来越低，特别是对追求自我的年轻消费群来说，他们更倾向于“自己做主”。三位一体的营销方法可以让客户在喝茶、阅读的过程中了解旅行社的产品，感受“各地的美景”，让他们做出适合自己的选择。

旅行社提交给商场这个研究报告后不久就获得了批准，随后旅行社的实体店正式入驻商场，在后续的运营中效果显著。

这份可行性研究报告具有一定的普适性，不只是旅行社，很多实体店都面临产品单一、竞争乏力等情况，报告中提及的“三位一体”体验正是这些实体店的出路。餐饮业创新标杆“57°湘”将日式铁板烧与传统湘菜巧妙结合打造出了“铁板湘菜”，让食客在店内跟着厨师一起做饭，亲自动手体验。

所以说，只要花心思，产品再单一也可以为消费者创造更多、更立体的体验，如此一来，店铺自然会迎来滚滚客流。

小店也可以做出“轻奢风”

“全渠道”“90 后、00 后”“轻奢风”……这些都是近两年实体店突围的热词，概括出了实体店的几大发展方向，其中“轻奢风”是较受瞩目的一个。

何为轻奢，“轻”代表一种优雅的态度，低调、舒适却依然保持高贵与雅致；“奢”指的是奢华，并非琳琅满目、动辄上万元的标价和高不可攀的消费水平，而是对生活的独特态度。轻奢风催生了一种不让人有负担又能追求低调的状态；不为走在前端，不为炫耀夸赞，只为尽情享受生活的美好。由此可见，

“轻奢”可定义为“可以负担得起的奢侈品”。

为什么要打造轻奢风？因为它是当下主流消费倾向。在年青一代成为消费主力后，轻奢风更是走红。对小店来说，轻奢风可谓最佳选择，它既能提升店铺的档次，又可以迎合主流消费群体的消费习惯。

曾经的互联网餐饮领头羊“雕爷牛腩”当年创造的奇迹仍可作为追求轻奢风的经典案例。“雕爷牛腩”的一鸣惊人与其在用户定位上精耕细作分不开，它在开门面客时就已瞄准轻奢餐的消费群——中产阶级。这种轻奢餐非常取巧：每人花 100 多元就可以“奢侈”一把，在装修与餐具都极为考究的餐厅里吃到蓝龙虾、白松露、鲍鱼等珍馐。显然，这种餐食能够满足白领们追求轻奢的味蕾和内心。

对实体店来说，打造轻奢风店铺需要从两个重要的方面入手。

第一，外貌内饰。轻奢风首先体现在店铺的整体设计上，也就是店铺的物质文化（见图 3–4）。一家门面装修普通、内部毫无新意的店铺怎么可能与轻奢风挂钩？

轻奢风设计风格多样，有几点需要注意。

首先，店铺内播放的音乐不能太吵闹。有些店长喜欢在店内播放音乐烘托气氛，音乐能够陶冶情操，提升店铺品位，但店铺不是歌舞厅，如果音乐震耳欲聋，在场者自然产生烦躁的情绪。因此，实体店经营者要谨记，打造轻奢风一定要在音乐

图 3-4　轻奢风的女装店铺

上下功夫，最好选一些轻柔、文艺风的音乐，调低音量播放。

其次，营造恰当的光线氛围。光的作用不仅仅是照亮物体、满足人的视觉需要，还可以创造空间、渲染气氛、打造完美的视觉形象。因此，即便是采光较好的店铺也应有适宜的人工照明。

人工照明分为基础照明、重点照明和辅助照明三种。

基础照明是为了通过各种光线的交叉性照射消除视觉死角，主要有嵌入式（如地灯、屋顶桶灯）、直接吸顶式两种方案。一般店铺多采用直接吸顶式照明，目的是使店铺内的光线形成延展，同时使店内色调保持一致。

在橱窗、LOGO 及店内的产品介绍展柜等位置应采用重点照明。重点照明不仅可以使产品形成立体感，光影的强烈对比也有利于展现产品的特色。

辅助照明主要是为了突出店内色彩层次，烘托气氛，增强环境的吸引力与感染力。比如，顾客晚上来购物时，借助辅助照明可以营造温馨的氛围。

最后，干净整洁是轻奢风的基础。购物环境的好坏直接作用于人的情绪，也间接作用于产品的选择。干净整洁的消费环境是吸引消费者的根本。

第二，产品轻奢。产品是顾客关注的重点，也是用户体验的落脚点。轻奢风产品的定义就是“不贵的奢侈品”，在满足顾客基本需求的基础上，给予他们超出预期的体验，这就是一种轻奢。

在北京各商圈开有多家店面的“爬爬步步糖果店”就是这样一种定位（见图 3–5），其创始人谢云海将产品定位为“轻奢糖果”，他对轻奢的定义是“买得起的好东西”，另外从食品的角度来说，要好吃、好玩。

谢云海认为，中国人老是说自己不爱吃糖，很多人却又大量消费进口糖果，而且都是中高端的糖果。基于这一点，谢云海开店之初就将店铺定位为轻奢糖果零售店，用小批量定制实现大规模生产。

现在，“爬爬步步糖果店”的零售门面都做到了短时间盈利，变成了他们“建设轻奢品牌很强的壁垒”。

小店轻奢风的打造需要从细节着手，在店铺装饰、产品上下足功夫。只有这样才能够吸引向往轻奢感的主流消费群体，帮助实体店确立在市场中的地位。

图 3-5

快捷支付，不让购物快感中断

支付是购物的最后环节，也是影响消费者购物体验的重要闭环。现在电商基本都能提供几种可供买家选择的线上支付方式，充分体现了支付的便捷性。作为争夺消费者的一个环节，实体店也应该开放快捷支付，为消费者提供便利，促进消费。

手机快捷支付在实体店的运营中分为两种形式。

第一种，线下消费，线下支付。

顾客在实体店内购物后在店内选择快捷支付，这种支付方式在实体店消费结账中所占的比例稳步上升。

早在 2013 年 12 月 22 日，广东省著名的美宜佳便利店就与支付宝开展合作，使用支付宝 App 可在美宜佳的 5 600 家便利店结账。手机支付上线一个月，美宜佳的单日交易笔数即突破 1 万，此后仍保持上升趋势。手机快捷支付给美宜佳带来了意想不到的收获。借助支付宝支付和微信支付的大规模推广，美宜佳与用户建立了直接联系。

现在许多年轻人出门不带现金，有时候连银行卡都不愿意带，只随身携带一部手机。接受手机快捷支付的实体店自然会成为年轻人的首选，而且实体店头疼的假币问题也迎刃而解。

更重要的是，手机快捷支付可以节省更多时间，解决了传统收银中的一些难题。例如，现金结账时消费金额里的角和分“找零”问题，如果使用手机快捷支付，商家和顾客都会轻松很多。

第二种，线上支付，线下消费。

线上支付、线下为消费者提供产品或服务是实体店吸引消费者的重要手段，团购网站就是在这种消费模式下衍生出来的。只需持有在线上购买团购产品后获得的验证码或二维码，即可到店换取相应的产品或服务（见图 3–6）。

餐饮业的团购消费还需要线下实体店的人工辅助，而现在许多影院的线上支付、线下服务可以说已经做到了“零人工”。例如，各大影院都与淘票票或者猫眼电影合作，观影者可在团

图 3-6

购网站上购票（价格低于影院零售价），线上支付后，线下自助取票。

街边的小商贩都开始支持微信、支付宝扫描二维码支付，毫无疑问，移动支付的时代已经到来。对实体店来说，移动支付是让购物和消费变得更加轻松的最后环节，也是实体店拥抱互联网、提升用户体验、获取更多客流的重要方式。

第四章

产品至上：逃离价格战的红海

店未开张，调研先行

计划在某地开家店，首先要了解周边同类店铺的经营状况。如果多数经营得不错，意味着这是一个机遇，也是一个挑战，机遇是不愁客源，挑战是竞争对手较强；如果多数经营状况堪忧，意味着这是一个挑战，也是一个机遇，挑战是这地方可能缺少客源，机遇是竞争对手较弱。

因此，开店前要多走访、调研周边的同类店铺。对于生意好的，要学习；对于生意不好的，要研究。比如逛街时遇到生意红火的店铺，不妨稍作停留，想想为什么红火。还可以登录销售同类商品的网店，看看跟实体店的产品差异、价格差异、客户服务差异在哪里，以及可借鉴的成功经验有哪些，进一步提炼出自己的经营策略。

通常在店铺经营中可打的“牌”有 5 张，可以分别使用，也可以组合运用，目的是让店铺脱颖而出。

一是价格牌：以价廉为卖点，薄利多销，比如 MINISO 名创优品。

二是专业牌：以专业为卖点，以商品或店铺的专业表现吸引顾客，比如品牌专卖店。

三是特色牌：以商品或者店铺的特色为卖点，利用店铺与众不同的地方吸引顾客，比如绿色无公害菜店。

四是情感牌：以把握顾客的情感为店铺卖点，利用店铺能够满足顾客的情感需求来吸引顾客，比如亲子阅读书店。

五是附加值牌：以商品附加值为卖点，利用服务延伸或其他附加福利吸引顾客，比如卖摄影设备教摄影。

准确定位，找到更大的发展空间

所谓定位，是在对自己的产品和竞争品进行深入分析、对消费者需求进行准确判断的基础上，确定产品与众不同的优势及与此相联系的在消费者心中的独特地位，并将它们传达给目标消费者的动态过程。

定位理论由艾·里斯与杰克·特劳特于1972年提出，1991年，中文版《定位》出版，定位理论传入中国。经过20多年的理论移植与实践，定位思想正在中国国内开花结果：定位、营销战、聚焦、品类等思想深入了更多营销人的内心，也出现了长城汽车、真功夫、王老吉等定位理论的实践经典案例。2001年，定位理论超越菲利普·科特勒、迈克尔·波特的理论，被美国营销协会评为“有史以来对美国营销影响最大的观念”。无论是做大事业，还是做小生意，定位都能助你避开强劲对手与大量同质化同行，找到更大的生存与发展空间。

那么,如何准确定位呢？ 画一个纵横轴十字交叉的定位图，将平面分成四个区域，在纵横轴相对两端写上代表本店特性的关键词。

比如，纵轴上端是高雅，下端是便捷，横轴右端是成年人，左端是年轻人。这时，纵轴代表的就是店铺的气氛和产品或服务的类型，横轴则代表目标顾客群。根据你要将店铺的经营重点置于何处，以及想售卖什么，可自由组合关键词（见图 4–1）。例如，陶艺店的纵轴可用中式、西式，横轴可用高价位、低价位来表示。

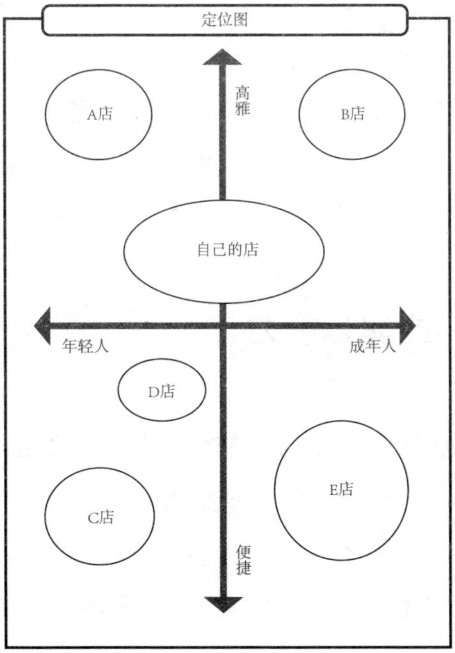

图 4–1

画出定位图，并确定关键词后，将商圈（营业范围）内的竞争对手标记在图上，用圆圈表示，可根据各店的知名度、规模等设定圆圈的大小。最后把你正在经营或即将开业的店画到图里，那就是你现在的店面定位。

姑且不论店的位置在哪里，若在极为接近的地方出现了有力的竞争对手怎么办？应对之道与竞争对手的强弱有关。

如果你的店和其他相同的店在图上重叠，或是靠得很近，而且对方不仅规模大，地点、商品以及环境都颇具水准，已经深得消费者信任，你怎么努力都赢不了，就只有改变自己的定位了。相反，就算有数家竞争对手集中在附近，却没有一家成气候，这时你就可以倾全力一举将它们击败，占据有利位置，并且逐步扩张势力。 另一种情况是，包括你开的店在内，已有好几家实力相当的店靠得非常近。对消费者来说，拥有多重选择是个极大的诱因，这时如果同业能够彼此联系，加强沟通，相信商圈将会因此扩大，吸引距离更远的消费者。

产品独特，凸显竞争力

许多实体店在困境突围时总想着在成本、营销上苦下功夫，这固然没有错，但如果忽略了产品的价值，无论如何精简成本、大力营销，店铺经营都很难有起色。原因很简单，好的产品才是黏住用户的核心利器，而由此带来的用户体验及口碑传播则会直接凸显店铺的商业价值。

爱旅游的人会对各地独特的风景或者风土人情记忆犹新，比如北方的银装素裹、南方的秀丽和风光旖旎、西北一望无垠的大漠……这些都是当地的特色在人们脑海中留下的印象。

特色是指具有鲜明主题、其他地方不可复制的东西。一个地域有自己的特色才会与众不同，才能吸引人们的眼球，经营店铺同样如此，只有打造属于自己的特色产品或者特色项目，满足人们的多元化需求，才能给人们留下深刻的印象，使之流连忘返。如果没有自己的特色就会淹没在遍地霓虹灯闪烁的小店铺中，更达不到通过树立口碑使顾客认识自己的目的。

特色并不只是依靠自己独特的店面、招牌、布局等吸引消费者，这些外在的顾客可以感知的东西的确可以令他们眼前一亮，但是只是依靠这些也许能吸引顾客流连，还无法达到刺激消费的目的。小店毕竟不是大型商超，面积有限，很难满足消费者放松休闲的需求，有些店铺就需要在短时间内完成交易，比如便利店。那么，吸引顾客消费的只有独特性，独特性会像磁石一样吸引消费者。

再来看餐饮行业，独特性的体现之一就是招牌菜，比如火爆北京餐饮市场的西贝莜面村，成就它的是莜面鱼鱼、功夫鱼等招牌菜品，这些招牌菜吸引食客前往，就餐时段等位者众多。

可见招牌菜并不等于山珍海味、奇珍异果，它只需要用最普通的食材，从原料制作到工艺工序，倾心每个细节，做出自己的风味，发展为店铺甚至品牌立足的根本。

再讲讲闻名遐迩的天津狗不理包子，全中国会蒸包子的人太多了，可是为什么狗不理包子蒸出了名气、蒸出了品牌，还蒸出了滚滚财富？

狗不理包子的创始人是高贵有，在清朝同治年间，这个 14 岁的孩子从乡下来到天津的一家蒸食铺当伙计。这位小伙计自立门户后，考虑到如果自己也经营传统包子，肯定竞争不过老字号，因此他没有按照掌柜教的方法做包子，而是改良创新。首先在选料上下功夫，要求所有原料都必须是最好的，面皮是半发面的，而且一定要用骨汤来调馅。经过高贵有这样里外一改良，他蒸出来的包子不仅雪白透亮，而且肉馅嫩滑爽口，鲜美异常，还不会出现塌帮、跑油、掉底的现象。一上市就受到食客的热捧，经久不衰。

可见，独特的产品并不一定都是科技含量高的新产品，加工改造司空见惯的旧事物也是开发新产品的重要途径。如果经营者忽略这一点，别人卖什么，自己也卖什么，别人怎么卖，自己也怎么卖，盲目跟风，消费者凭什么选择你？实体店在与资本规模、经营方法和人脉积累方面都已站稳脚跟、发展顺利的同行竞争时，应在开业前准确定位，从特色入手，这才是生存和发展的保障。

在特色经营中，不论哪个行业，独特的产品相比独特的经营方式来说是可以让顾客直接感受到的。因为顾客进店就是为了购买产品，如果产品独特，顾客体验到与众不同之处自然就会产生购买欲望。而且，特色产品基本都是融入了自己的想法创新改良实现的，有些甚至是祖辈流传下来的，其他人即便模仿，也只能是依葫芦画瓢，不得精髓。因此，独特的产品不但可以增强企业的竞争力，同时也为竞争对手设置了进入同一市场的屏障。

消费者的话语权和选择权不断放大

在互联网时代，话语权和选择权从商家转移到了消费者这边。商家开始为消费者量身打造商品。站在消费者的角度来说，好产品胜过好渠道。

当然，好产品并没有量化的标准，不能仅以“用户口碑”来做事后的判断，而应当清楚地了解好产品的具体特征。

第一，强烈的需求。好产品是消费者有强烈需求的商品，例如某餐馆的菜特别好吃，那么顾客自然会主动登门，营销推广就更容易。

第二，高复购率。营销界流传这样一组数字：培养一个新客户的成本是挽留一个老客户成本的 3 ~ 10 倍，向新客户推销产品的成功率如果是 20%，那么向老客户推销产品的成功率则能达到 50%。产品产生重复消费，店铺才会有源源不断的利润。

第三，高单价、高毛利。这一点需要具体产品具体分析，理想状态下是追求高单价和高毛利，因为可创造更多的利润。当然，对中小型店铺来说，如果某商品的销量可观，也可以适当折损利润，以量换利。

第四，良好的用户体验。体验经济和情感营销兴起，消费者能够获得更多心理和情感的满足，产品附加专业的服务，就能做出差异化，提高利润。

第五，可团购。便于企业用户集中采购，并能快速出货，提升营业额和影响力。

第六，易传播。微博、微信等新媒体的出现使得人人都能对产品发表评论并影响周围的人。如果产品本身具备易传播的特性，就能够快速积聚口碑，拉动客流。

给顾客一个贵的理由

产品定位是店铺运营的关键，店铺的口碑以及产品的利润取决于产品定位。当下，实体店的产品定位模式主要有 4 种。

第一，低品质，低价格。这种定位模式针对的是低收入群体，该群体的规模庞大。一些城郊或乡镇的店铺多采用这种方式吸引顾客，拓展利润空间。但随着信息的不断透明化和消费者的日渐挑剔，低品质、低价格的产品很难再吸引更多的消费者。

第二，低品质，高价格。这种定位模式属于欺瞒性的定位行为，多见于一锤子买卖，很难再有回头客。例如，旅游区或火车站附近的实体店就经常售卖质量较差的商品以获得高额利润。越来越理性的消费者已经懂得其中的猫腻，这类实体店的生存空间将越来越小。

第三，高品质，低价格。这种定位模式多见于初创店铺，商家凭借高品质、低价格的“爆款”撬动市场，吸引流量，聚拢一批粉丝型消费者。当然，也有一些经典的产品会利用这种方式薄利多销，获取稳定利润，例如老干妈辣酱、大宝 SOD 蜜。

第四，高品质，高价格。这其实是最符合市场经济的定价模式。产品是决定品牌口碑和顾客依赖性的最重要因素。只要产品过硬，价格就不再是影响购买率的关键点。

一直以来，电商的成本优势与实体店相比不言自明，这也是电商能够以低价抓住消费者、在市场立足的根本。许多实体店老板为了摆脱经营困境，也会尝试着用“低价策略”攻占市场。人人都明白，商品的成本是固定的，价格越接近成本，利润被压缩得越小，过于依赖低价策略对实体店来说无异于饮鸩止渴。低品质、低价格的产品定位自不必说，高品质、低价格的产品定位只适用于大规模工业化生产的产品，对零售店来说是一种负累，不能作为长期的产品定位策略。

那么，4 种产品定位模式中，高品质、高价格无疑值得小实体店探索。

“牛爸爸”是一家位于台北市东区的牛肉面馆，门店的面积不大，只能容纳 20 个人同时就餐。就是这样一家小店，却做出了全世界最贵的牛肉面，店铺中最贵的“元首牛肉面”售价高达 1 万新台币，相当于人民币 2 000 多元，最便宜的牛肉面也折合人民币 100 多元。面虽贵，“牛爸爸”的生意却不差。店铺每天只接待一定数量的顾客，按照他们的要求做面，经常供不应求，往往需要预约才能吃上一碗面。

与通常售价十几元的牛肉面相比，“牛爸爸”的牛肉面可以说是贵得离谱，那它凭什么卖得这么贵呢？

答案就在产品上，“牛爸爸”的创始人王聪源对产品可谓追求极致。

首先是原料。为了采购品质最佳的牛肉，王聪源从来不计较价格，选取的牛肉都是产自澳大利亚、美国、日本的高品质牛肉，牛肉的进货价甚至每斤数千元，供货商都诧异于王聪源的经营理念。

其次是口感。对“牛爸爸”而言，最奢侈的成本不是每斤数千元的牛肉，而是店铺为了汲取精华美味而做的不懈努力。为了找到更好的保留牛肉汤香味的方法，王聪源亲自试吃，尝试了上千遍，最终找出了一种方法，使得牛肉汤的味道无出其右。

最后是极度精细化。“牛爸爸”有几种不同色泽的汤汁，分别选取不同部位的牛肉熬制而成；可供顾客选择的面条有 20 多种规格，还会根据顾客的特别需求加工面条，只为让顾客满意。

“牛爸爸”的产品定位就是典型的“高品质、高价格”模式，也是现在越来越多做“小、精、专”的实体店首选的模式。

北大荒集团的官方直营天猫店的产品明显就是走“高品质、高价格”的路线（见图 4-2），其所售的大米因为有过硬的质量和口感，又打出绿色无污染的招牌，价格比普通大米贵几倍，但也有消费者愿意买单。北大荒的线下直营店也延续这种策略，一时成为国内高端大米的代名词。

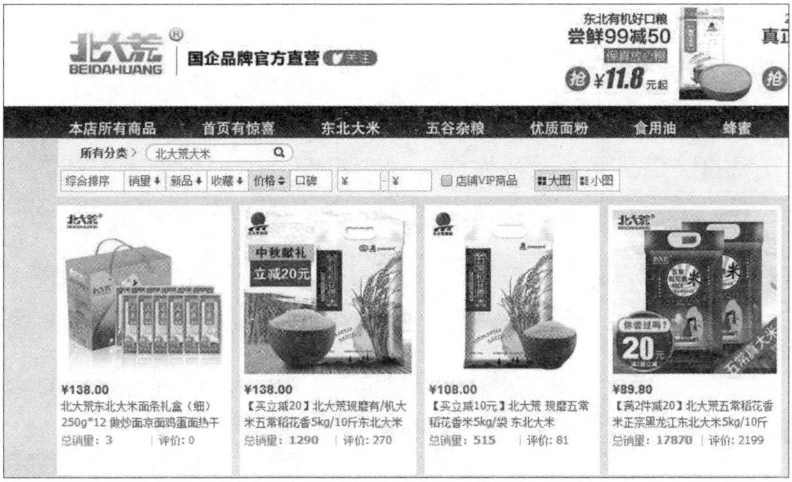

图 4-2

“牛爸爸”和“北大荒”的案例说明了一个十分浅显的道理：这是一个挑剔的时代，好的产品从不会因为价格而受冷落。这也是实体店经营中应当谨记的金科玉律。

跨行嫁接，增加产品功能

如今，“跨界”一词火遍各行各业，就连电视节目也喜欢玩跨界的噱头，《跨界歌王》《跨界喜剧人》这样的节目高居收视榜。其实，商业营销与娱乐节目的快捷营销一样，都是为受众提供多元化体验。

在人们的印象中，一种产品基本上只具有本行业的功能，被本行业的消费者认可，而跨行业嫁接是指让一种产品具有不同行业的多种功能。行业嫁接后可以吸引不同行业的消费者购买，在激烈的市场竞争中抢占更多的市场份额。

比如，汉方药早已衍生出多类产品：具有保健作用的饮品、养颜的日化产品，以及投放在绿色农业上的绿色无毒农药。这些汉方药变身后也从药店的柜台走进不同行业的店铺，改变了单一经营的局面。

20 世纪 70 年代的日本，人们普遍信奉西医，汉方医学备受冷落，汉方药店的经营状况堪忧。从事汉方药经营的伊仓产业公司的社长石川为改变这一现状，绞尽脑汁，苦苦寻求办法。石川认为，汉方药店总是给人阴郁的感觉，而且汉方药味道苦涩难以下咽。于是，石川想出了一个把汉方药店和茶馆结合的方式。

1974 年 9 月，伊仓产业公司在东京的中央区开了第一家汉方药茶馆。为消除汉方药店的阴郁气氛，石川按照茶馆的风格装饰，店内格调高雅，墙壁刷得雪白，地面、桌椅则全部刷成绿色，墙上古香古色的镜框中放有介绍汉方药小知识、各种汉方药代茶饮治疗和保健功效的宣传画，考究的壁柜里摆放着人参药酒、鹿茸药酒等，还有掺了汉方药的果汁，无论是药酒还是果汁，汉方药味都大大减轻。

汉方药茶馆别具一格的经营模式立即吸引了大量年轻消费者，店里经常座无虚席，顾客在美妙动听的流行音乐声中，悠闲地品味着既能强健身体又合口味的汉方药饮料，汉方药茶馆成了一大热点，并带动了东京其他茶馆的客流。汉方药茶馆开张仅两个月就因电视和报纸的宣传而誉满日本，日本各地寄来了数不清的信件，要求购买汉方药产品并希望得知配制方法，过去没有人愿意吃的汉方药，现在成了人们争相购买的珍品，伊仓公司因此一炮打响。

把汉方药饮品当饮料卖，这就是产品功能的嫁接。这类跨行业嫁接的尝试之所以能取得成功，是因为产品的开发者对汉方药未来的发展趋势有清醒的认识。与西药相比，汉方药见效慢，因而它特有的内在调理功能和保健品有相似之处，再者，随着生活水平的提高，很多人注重保健，正因为汉方药具有药和保健的双重功能，所以可以开发出饮料、护肤品等衍生产品，这些也和人们逐渐建立的绿色消费观相吻合。

而今，中国国内先后出现了多个跨行业嫁接运作典范。有些是产品功能的嫁接，有些是品牌之间的嫁接，还有些是销售渠道之间的嫁接，这种合作形式使产品和企业都取得了突破性进展。

需要注意的是，跨行业嫁接是在两家或多家独立经营的企业之间实现的，这些企业之间没有投资或股权关系，所以如果是品牌嫁接，在将品牌使用授权给不同行业的企业使用时，要确保与自己现有品牌授权使用范围完全不冲突。

总之，对实体店来说，嫁接就是为了提高自己市场的集中度、垄断度，减小开拓市场的风险。另外，对于老牌的商品或者店铺，嫁接新品牌可以强化自身品牌，延长或创造消费者对嫁接品牌的新鲜感，防止品牌老化。

明星产品的巨大光环

每个做实业的经营者都希望自己的产品能够得到消费者的认可，做出品牌，做出口碑。这种有口碑、有品牌溢价的产品就是我们常说的明星产品，它是指处于高增长率、高市场占有率象限内的产品群，这类产品可能成为企业的现金流产品。

对实体店来说，明星产品的价值不言自明。许多餐饮店都将明星产品融入店铺名字，以此来获得关注，提升消费者的进店率，这种做法其实就是在利用明星产品的光环。明星产品不但是实体店利润的增长点，而且对提升品牌知名度起着关键性的作用。它就像一把利剑，能迅速将市场打开一个缺口，因此明星产品的打造对店铺而言极其重要，尤其是小店铺，它可以决定店铺的发展与存亡。

我们以“重庆鸡公煲”为例。重庆鸡公煲是如今风靡各大高校餐饮街的明星店铺，而其主打菜“鸡公煲”正是店铺的明星产品。去重庆鸡公煲消费过的人都知道，除了鸡公煲火锅外，店铺还提供炭烤鱼、牛蛙煲等区别于鸡公煲的产品（见图 4–3）。鸡公煲之所以这样做，也是利用明星产品带动其他产品的销售。

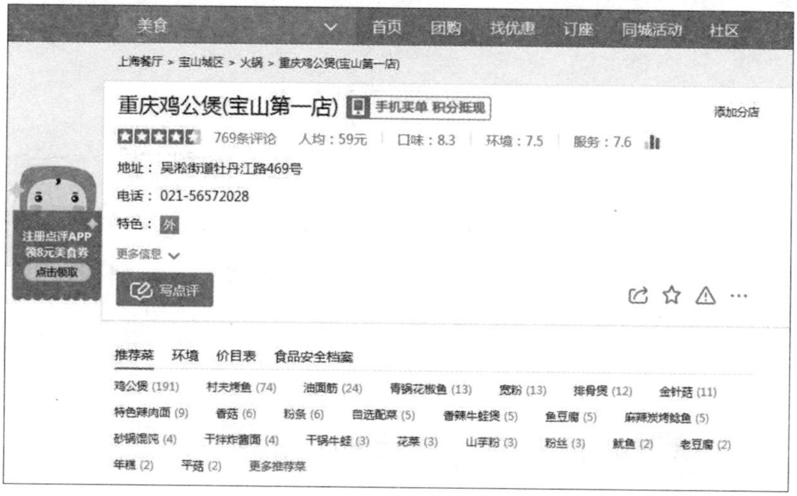

图 4–3

对在困局中挣扎的实体店来说，明星产品的出现无疑是强心剂。

彩色宝石在欧美早已流行开来，而在国内市场，消费者对珠宝首饰的认识几乎还停留在贵金属。中国市场彩色宝石行业的年销售额每年也有一定的增长，但仍只能算是小众市场。新兴彩宝品牌菲尔瑞正是在这种环境中创立的。这家彩宝公司在香港注册，并将第一家店铺开在了鄂东南的一座近百万人口的县级市。

与许多初创品牌一样，菲尔瑞珠宝在创立初期也面临严峻的问题——没有自己的明星产品。

尽管店铺选址在当地最繁华的商超，每日坐拥庞大客流，但许多人对店铺售卖什么产品并不了解。店铺悬挂的产品展示牌也让许多不懂宝石的人一头雾水。第一年，菲尔瑞非但没有盈利，还略有亏损。

转机出现在一篇微信文章上。

2017 年 7 月，菲尔瑞珠宝官方公众号“鑫道黄金”像往常一样发布了一篇文章《为什么石榴石是女人石？为何石榴石具有养生作用？》。这篇文章在短短一周内被转发近 2 000 余次，总阅读量突破 3 万（见图 4-4）。这样的转发量和阅读量在一个人口不到百万的县级市是爆炸性的。

图 4-4

很快，菲尔瑞也意识到它的价值，在店铺内主打“石榴石”，在商场走廊处挂上了显眼的“石榴石”招牌（见图 4–5）。在之后短短两个月内，店铺里的金镶石榴石就卖出 120 余件，光这一种产品的销售额就高达 300 多万元。

图 4–5

石榴石成为店铺的明星产品后，珠宝店通过它吸引越来越多的人到店询问。其他的彩色宝石（如碧玺、南红）在销量上随之提升，珠宝店两个月的营业额超过了前一年整年的营业额。

菲尔瑞珠宝能够通过石榴石打开县域经济的市场，是因为这种宝石较其他产品而言知名度更高，而且菲尔瑞针对区域内的受众，专门推出了价位相对较低的金镶石榴石，在微信文章爆火之前就已经是店内颇具口碑的产品，正式将其作为明星产品主推之后，自然吸引了巨大的流量，带动店铺其他产品的销售。

毫无疑问，明星产品拥有巨大的光环。对实体店而言，用明星产品打开局面带动销售是非常不错的选择。但在选择明星产品时需要先对市场进行调研和分析，即使是具备明星产品特质的产品，如果不了解市场状况就盲目进入，同样不能起到任何作用。因此，在选择打造明星产品时要考虑以下三个方面。

第一，市场竞争较小。激烈的市场竞争对产品的成长有很大的影响。现在许多智能手机品牌都缺少真正意义上的明星产品，其原因与竞争不无关系。一款好产品出来之后，竞争对手会立即着手开发更先进的产品，如此循环下去，自然很难出一款真正的明星产品。

第二，市场容量较大。没有市场容量，产品出名了也不能直接变现。所以明星产品必须有一定的市场容量，可以说是越大越好。夏普出过一款电子记事本，在各大电子论坛上评价相当不错，甚至有人称其为“电子记事产品”的标杆。但由于该产品过于小众，最终也无法成为夏普公司的明星产品。

第三，市场切入时机适当。明星产品的选择与打造需要把握切入市场的关键时机，不宜太早也不能太晚。例如，早在20世纪末国内许多大品牌就推出了空气净化器，但当时人们对空气质量的关注度还不高，再加上此类产品价格高，所以并没有打开市场。近几年，空气质量几乎成为街头巷尾谈论的话题，污染问题让越来越多的市民揪心，空气净化器的需求也越来越大。各大电器品牌开始发力空气净化器市场，Blueair 等品牌介入时机得当，其空气净化器已经成为公司的明星产品，还带动了其他产品的销售。

第五章

店铺管理：让店铺运营精益求精

实体店的大数据变革

数字思维是实体店经营者常用而不自知的一种思维。说它常用，是因为它与店铺管理息息相关。以营业额为例。一家店铺第一个月营业额 50 万元，第二个月营业额 45 万元，第三个月营业额只有 40 万元，同时，店铺的各项成本保持不变。这种最浅显的数字对比也会让店铺老板去思考："营业额怎么变少了？是客人少了，还是客单价少了？这跟我们的产品和服务质量有关吗？"

这种可视化对比是数字思维的一大关键，也是实体店的重要管理依据。在互联网推波助澜之下，数字被无限加精——店铺的各项数据也得以精确地统计。最关键的是，以往许多行业都是"莫名其妙发财，莫名其妙死亡"，现在，我们可以通过种种数据寻找出发财的蛛丝马迹，也能提前感受"死亡"的阴影。

掌握了数据，就有摸索规律的前提。有了数字思维的铺路搭桥，店铺将会有更多的决策依据。

2016 年年初，外卖平台饿了么发布《2015 年长沙吃货大数据报告》。报告显示，在价格上，2015 年长沙客单价的主流是 10 ~ 20 元的订单，占 39.51%，30 元以上占 22.50%。在地域上，长沙订单量最高的 5 所高校依次是：中南大学、湖南农业大学、湖南中医药大学、长沙理工大学和长沙医学院。长沙订单量最高的 5 个商务区依次是：定王台、中南汽车世界、万达广场、侯家塘西和五一广场。在时间上，春节所处的 2 月是一年中订单量最低的月份，7 月因暑假订单量略有下降，而其他月份都是增长状态，11 月、12 月增幅最大，天气寒冷，外卖量上升。

报告还详细地显示出长沙 24 小时订单量变化，11 ~ 12 点和 17 ~ 18 点是订餐高峰期，其中 11 点订单占比高达 20.74%，17 点下单的占到 12.75%，这个时间的占比领先于全国其他城市。

这份报告甚至还详细到长沙人最喜欢的几样餐品和菜品，如盖浇饭是最受欢迎的餐品，辣椒炒肉盖饭则是其中最受欢迎的菜品。

如果你管理着一家有外卖产品线的餐厅，或者说将要面向外卖市场，这样详细的数据不可能被忽略。因为它可以决定餐厅的定位，也是餐饮从业者一直苦苦寻找的“规律”。互联网大数据用精确到小数点的百分比、定位到具体坐标的建筑群、深扒到辣椒炒肉的客户偏好揭开餐饮行业骤生骤死的谜底，它将不再深不可测。

经营一家店铺，绕不开成本和利润。经营以盈利为目标，利润又与成本直接相关。因此，在竞争越发激烈的商业市场，做好成本管理是影响利润的关键因素。这就要求实体店摒弃抓大放小的思想，以数字为标尺，从各处细节入手，着力减少店铺的经营成本。

而要控制成本，经营者就必须先了解成本。对成本的了解可以从财务数据入手，精确的数字能够为管理者提供量化的标准，并以数字思维的方式整合数据，探索数据背后的价值。

举一个很简单的例子，一家餐厅的食材损耗达到 30% 仍能保持一定程度的盈利，那么管理者就应当想到如何将这 30% 的损耗转化为利润。在得出这一数字具备价值之后，应当制订一个精确的纲领，从各方面入手管控餐厅的食材损耗，力争让数字最小化，让利润增值最大化。

当然，除了管控食材成本，店铺的成本红利还隐藏在各个方面，水、电、房租、采购、人力，具备数字思维的经营者应当首先敏感于这些数字，极力探索成本最小化的可能性。

当然，成本控制可以说只是数字思维的起点。对实体店来说，数字的魔力远不止于此。

互联网让流量有了更多的入口，众多店铺通过平台获得了更多的触客机会。餐厅经营者可以从这些平台上获得更多的数据描述。比如顾客对产品的偏好、对店铺服务质量的评价，这些数据可以直接作为店铺的经营管理依据。

从沟通效率上来说，数字也远比空洞的描述有说服力。当你告诉员工“顾客对店铺评价不好”时，他们立马会启动自我保护机制，每个人都会找理由推脱，可能还会把责任推给店铺环境甚至是店铺管理的问题。

但当我们把评价数据化之后，群体冷漠效应便会立刻消失，因为数据可以精准地对应到个人。店铺总体评分不高一定是因为顾客对店铺产品或服务不满意。在互联网平台上，顾客的抱怨对象、抱怨次数、进店时间都可以高度量化，完全可以通过这种量化找出问题所在，并有针对性地解决存在的问题。这便是一种数字管理方法。

数据和信息获取已经如此简单，所以你不再需要等什么评估、调查，只需要一份整合好的数据，你可以在晨会上、周会上、月会上进行分析和总结，让实时更新的数据来说话，用板上钉钉的事实来管理。

八招管好现金流

资金链是指维系企业正常运营所需的基本循环资金链条，现金—资产—现金（增值）的循环是企业经营的过程。

例如，家用电器零售店需要支付的现金是：库存的在销电器（尽管可能有一些账期，但账期到了必须支付）、店铺租金（年付、季付或月付）、员工工资（月付）、推广费、水电、日常办公开销等。这些现金支付中，任何一项支付不到位都会导致严重的后果。生意兴隆并不意味着支付不存在问题，因为在你的客户里，有刷信用卡的（半个月左右才会到账），有开转账支票的（有些会延后出票日期），还有统一结账的（一般是老客户），甚至还有部分赊欠的。这些交易完成后，你需要等待一定的时间才能收到现金。支付必要的开支时，你手里的现金在减少，你的应付账单也在减少。到了一定时期，你会收到应收账款，这时你手里的现金在增加。理想状态下，你的现金就这样周而复始地循环。但如果在某个时间点，你手里的现金不足以支付时，就会造成经营上的困扰。

要减少现金不足的困扰，你需要通过一些手段管理好现金流。

第一，催收应收账款。尽快处理客户延迟付款的情况。拖得时间越长，越有可能变成坏账。别用“忙”作借口推迟或漠视客户的延迟付款。收款是生意的重中之重，做 10 单生意的利润也弥补不了 1 单生意的坏账。因此，需要健全账目，随时追踪客户的付款时间，一旦延期，立即采取行动。

第二，设定相对严格的付款条件。可以将客户的付款条件订立得更严格一些，让更多的客户必须支付现金才能交易。这样，店铺的现金会增加，呆坏账也会减少。但随之出现的另一个问题是，比较宽松的付款条件相对会带来更多的生意，严格的付款条件会导致业务量下降。有时候，较为严格的付款条件虽然流失了部分客户，但呆账、坏账的减少足以弥补这些损失。因此，你需要找到一个平衡点。

第三，不给到期未付款的客户继续欠账的机会。虽然你需要做生意，但并不意味着要和那些拖欠货款的人或公司做生意。如果一个客户没有如期付账，那么就别再继续提供产品或服务——除非对方将旧账结清。很多生意新手或碍于情面，或心存侥幸，或是其他什么原因，最后导致自己在被赊账的泥潭中越陷越深。有经营者担心不继续提供产品，就会造成旧账难收，这个理由很可笑：旧账本来难收，再加上新账，不是更难收？旧伤未愈，又添新伤，你伤不伤得起？

第四，使用提前付款折扣。制订一套鼓励客户提早付款或提升预付比例的方案，也就是享受一定折扣。不过也要注意：折扣的幅度过小难以激发客户积极性，幅度过大又有损自身的利润，因此也需要找到一个平衡点。另外需要说明的是，这个招数可以用在现金紧张的非常时期。如果预计下月将会出现现金紧张的情况（或正处于紧张期），那么不妨采取这样的手段渡过难关。

第五，收取延迟付款罚金。在合同上写清楚：到期不付款，客户需要支付一定比例的违约金。例如，每逾期一天，客户需支付总货款的 1%（具体比例双方约定）。这个约定对客户有相当大的威慑力。如果客户拒绝签订有此条款的合同，那么至少意味着对方对到期付款缺乏信心或诚意。

第六，控制库存。供应商总喜欢用高额的折扣、返点或其他优惠来引诱你一次性大量进货。如一次性进 10 万元某品牌的化妆品，折扣为 3 折（正常为 5 折），还赠送新马泰旅游。从盈利的角度来看，不仅享受了低折扣还能免费旅游，真是一举两得。但是你手头的现金会因库存的增加而减少。如果一味地贪图低折扣，很可能积压大量货物，而自己手里现金紧张。要杜绝此种恶果，需要客观理性地预估销售，不该贪的便宜要选择忽视。

第七，短期借贷。向金融机构或个人借贷是解决短期现金流量缺乏的直接手段，但别忘了这些借贷也属于未来的应付账款，也需要提早做好资金计划，以免到期了无法支付。另外要强调的是，千万不要心存侥幸沾染高利贷。

第八，削减开支。对于价格昂贵的高档设备，即使使用率高，也不宜购买，可以选择租用，等店铺规模扩大再考虑添置。除设备外，也要严格控制人员数量，必须用到但用得少的专业人才，起步之初不如将相关工作外包。总之，在开源的同时要注意节流。

简化流通环节，重整供应链

实体店售卖的大多是实物商品，既是实物商品，就不得不流通，因此，商品的物流也是店铺管理工作的环节之一。众所周知，商品的流通环节越长，成本越高，价格自然越高。从生产商到消费者手里，每一个环节都会产生各种费用。

商品的流通环节过长，除推高价格外，还会导致品质不可控，用户与生产商的有效沟通也越难——有效沟通能促使生产商提供更受用户欢迎的商品。因此，简化流通环节势在必行。

以鲜花市场为例，国内鲜花消费市场的规模以每年超过100% 的速度增长，市场不小，却没有一家叫得响名号的花店，大家各自为战。

这种“一盘散沙”的状况正被宜花科技悄然改变。宜花科技的创始人荣超是一名“骨灰级码农”和创业新手，接触到O2O 创业思想之后，他优化了自己的商业模式，在路演中打动了真格等多家基金，半年内连续融资两轮。宜花科技的成长源于其简化到极致的鲜花流通环节。

在创业之前，荣超在一家大型央企从基层的程序员一直做到了副总裁，是当时央企上市公司中最年轻的副总。2014 年，看到国内 O2O 发展得如火如荼，荣超忍不住召集了几个好友，创办了宜花科技有限公司。在荣超看来，鲜花行业已经处于一个拐点，首先需要解决供应链难题，再站在艺术与科技的结合点，将鲜花设计与便捷的购买方式融合，让更棒的鲜花产品走进平常百姓的生活。

经过一番摸索，荣超大刀阔斧地将原有的 5 层经销结构简化为 1 层，鲜花采摘后送达客户手中的时间从 96 个小时缩减至24 个小时，原来需要 1 000 多人完成的工作大幅削减为 36 人。经销层级、时间成本和人力成本的大幅减少，带来的是利润空间的剧增与商品品质的改善，其商品竞争力自然锐不可当！

2015 年，宜花科技为北京地区至少 820 家花店提供供应链服务。仅在 2015 年情人节当天，宜花科技在北京地区销售量就超过了 250 吨。

工业化时代拘囿于不透明的信息技术，催生了一个又一个的中间流通环节。随着移动互联网时代的到来，“去传统中介化”迎来了大好时机，对实体店来说，这种去中介化的流通无疑是一笔可观的经济账。有一些富有头脑的商人瞄准这个市场，深耕实体店物流简化课题，并获得了成功。

1986 年出生的袁韬韬所创办的大厨网是目前国内知名的餐饮采购配送 O2O 平台。在大厨网名动江湖之前，袁韬韬也创业失败过。

2013 年夏，袁韬韬与几个小伙伴决定进军北京的餐饮配送市场。他们一开始选择了配送鸡蛋，因为鸡蛋相对标准化，适合统一配送。袁韬韬试图从鸡蛋这个单品强力切入，做到爆款之后再横向染指其他配送业务。

鸡蛋的日销量还不错，业务开展一个月后就做到了每日数万元的流水，但是并不盈利，因为持续卖出鸡蛋是以低价以至于亏本为代价的。这种恶性价格战构建的市场，只要价格稍微上调就会流失客户。很快，公司亏损到连员工工资都发不出来，鸡蛋配送业务宣告夭折。

失败让人沮丧，但也让袁韬韬看到了更大的机会：既然餐饮店对一站式采购配送服务有强烈的需求，那能不能在低价和规模运营之间闯出一条创业的道路呢？既要帮餐饮店赚钱，也要生存下来，这两个都是关键。

2014 年下半年，袁韬韬邀请几位资深物流从业者加盟，决定再次启航，创办大厨网。

目前，大部分餐厅仍采用原始的方式做食材采购，也就是自建采购部门，配置专门的采购人员。中小餐饮店的老板甚至亲自负责采购工作。过高的采购成本和时间成本是餐饮业的痛点。

按照袁韬韬的设计，大厨网不仅要帮助餐饮店节省采购成本，也要做到质优价廉。这一切只有在重构供应链的思路指导下才能实现。因此，大厨网决定在北京新发地附近建设一套互联网模式的仓储、冷链及配送方案，其核心就是：既要保证食材质量，也要保证运营毛利率。

3 个月内，他们做到了以前不可能的事：不仅让餐厅客单价格提升了 80%，而且让退货率降低到 6% 以内，远低于业内平均水平。

对实体店来说，简化流通环节不只会优化成本，还能使原材料或成品的质量更可控。同样是进货，近处的要比远处的好，一手的要比二手的好。这是谁都明白的道理。

我们常提“互联网 +”，其实凡是与互联网建立联系的实体店都拥有一张“信息牌”，以前闭塞的信息渠道会因为互联网而变得开放透明，许多隐晦的、不可言明的价格也都逐渐透明。

在这种情况下，实体店可以也应当抓住机遇，简化自己的产品流通环节，重整供应链，在管理上先发制人，这样不但能够节约成本，丰富产品的维度，还能使店铺的商品在价格和质量上更具竞争力。既如此，何乐而不为呢？

互联网时代管理也需“联网”

对许多行业而言，互联网就是一场超级台风。以信息化为名片的互联网出现后，传统纸媒开始没落；电商巨头阿里巴巴纵横十多年，让许多实体店惶惶不可终日。许多实体店老板发现，在自己还没搞清楚什么是 B2B、P2P、O2O 的时候，一大波自带互联网基因的跨界者突然闯入。

在这种形势下，一部分实体店老板仍在纠结：经济不景气，店铺纷纷关门，为什么还有源源不断的热钱涌入？消费群体萎缩，店铺门可罗雀，但天猫一个“双十一”成交量就冲顶 1 000 多亿元。不管你承认与否，互联网势力已经渗透进社会各行业的各个链条：采购、物流、下单、支付、反馈、营销……可以说，除了“用和吃”这些环节得劳烦客户亲自动手，几乎所有的传统据点都已沦陷。

所以，实体店的当务之急并非与互联网势力一较高下，而应当顺应时势，多想想怎样才能用互联网思维做生意。

2011 年年初，北京大钟寺附近开了一家名叫“小厨小菜”

的饭馆，老板李健是一个 80 后男孩。在他租下这块场地开店之前，先后有 4 个经营者在此折戟。

开业之前，有人帮李健算了一笔账：150 平方米的面积除去后厨操作空间顶多摆 10 张桌子，这样一来，每天堂食营业额的上限显而易见——5 000 元左右，正常情况下，月营业额也就 11 万，毛利按 45% 算，每个月的纯利润不到 5 万元。店面每月租金 1.6 万元，加上人工成本、水电气成本，一个月开支至少 5 万元。开支大于收入，这店还能开吗？

作为老板，李健心里有数，他早就算清了这笔账。之所以敢租下来，是因为他从来没把重心放在堂食上，而是打算主做外卖业务。

那时“互联网 + 餐饮”平台还很少，李健只能通过发卡片、发宣传单的方式找顾客，起初一天只有 60 多单外卖，堂食的比重仍然很高。

后来，李健从一家炸鸡汉堡店那里得知了互联网平台的存在，他也尝试与互联网“结亲”。入驻互联网平台后，店里的外卖单占到了营业额的 90%，一般每天能接 1 000 多单外卖，最高峰日营业额达 4 万元。

小厨小菜能有此成就，在于李健用互联网思维管理自己的小店。在外卖单数暴涨之后，李健意识到自己必须调整管理和经营模式。他聘请了厨师，自己抽出身来致力于操作流程的优化，从食材供应到烹制，优化每个环节。最后，他将餐厅改造成了一个小工厂，将食材加工成标准的半成品，到厨师手里只需要简单炒制即可。标准化、流程化之后，小厨小菜的产出量大幅增加，一个半小时内就可以做出 700 单外卖。

对送餐员的管理，李健也煞费苦心。他收集互联网反馈的信息，了解了周边地区的外卖需求，再划分配送范围，顾客集中的区域安排更充足的派送人手。

对距离较远的外卖单，他甚至采用驻点方式：让两个送餐员蹲守，餐厅每 25 分钟就送一批外卖过去，再由他们接力送餐。

一番管理改革之后，小厨小菜的平均送餐时间由 55 分钟缩减到 47 分钟。这 8 分钟的进步正是李健用互联网思维管理餐饮店的最好回报。

小厨小菜的发展历程说明了两个道理：一是，“互联网 +”已是行业宿命，传统店铺只有“认命”才有立足并做大的筹码；二是，在拥抱互联网的同时，如何用互联网思维改造内部、管理店铺是经营者的必修课。

互联网时代的餐厅属性决定了互联网思维管理模式的切入点。

首先，在“效率为王”的互联网时代，去中心化的管理方法势在必行。传统店铺管理模式多以垂直的树状管理模式为主。以餐饮店为例，许多大中型餐饮企业的传统管理模式固定：店长管楼面经理和厨师长，楼面经理下又有楼面主管和领班。垂直细分下来，一个三四十人的餐厅可能有五六层架构，非常不利于信息的沟通。去中心化的管理方式则可以让管理模式扁平化，让权力能够流动起来，调动每个人的积极性，共同服务于餐厅和顾客。

其次，对个性彰显的这一代，管理方法上需要结合制度化和人性化。零售业是一个流动性特别大的行业，人才向来都是经营者的痛点。要想管好店铺，就必须先管好人。现在越来越多的80后、90后进入零售行业，他们的成长史正是互联网的发展史，其个性也被打上了互联网的印记，个性张扬、自由、追求与众不同是他们这一代人的普遍特征。面对这样的员工，管理者应当摒弃单纯依靠制度的思维模式，更多地结合人性化管理思维，用以身作则的人格魅力感染员工，让每个员工都能感受到自我价值以及荣誉感，树立“能力比头衔重要”的管理意识，鼓励底层力量参与决策及管理。

最后，专注数据，实现店铺的信息化管理。互联网孕育出的大数据是餐饮行业的新绿洲。大数据背景下，采购、物流、支付、反馈、营销都有了更多的数据支撑，它能够帮助管理者更便捷、更精准地了解每一个运营环节的状态，也能够提供更为可靠的决策依据。

利用数字摸准顾客喜好

“互联网+”“大数据”“新零售”等新词近几年层出不穷，其核心都在于数据。云计算等各类技术的发展更是将人们直接推进大数据时代。对实体店来说，大数据中蕴藏着无尽的财富。

总有实体店店主抱怨顾客的心思捉摸不透，不知道如何“看人推单”。实际上，顾客的购买心理是有迹可循的。顾客既定的身份（如职业、性别、年龄、消费能力）在一定程度上决定了其对产品的偏好。

以传统珠宝零售业为例，我国珠宝行业发展历史并不悠久，国内许多珠宝店并不了解区域顾客的喜好，在店铺产品的结构设置方面主观臆测，导致店铺经营陷入困境。

其实，珠宝店的大数据早已有之。比如不同的年龄就有不同的品味、不同的风格偏好、不同的款式喜好、不同的支付习惯，这些大数据都有机构做了专门的调查，完全可以为经营所用。

数据反映现实，数据也能支撑营销。我们以珠宝店的产品结构调整为例，选取了近 3 年的网络搜索数据，可以明确看出人们对珠宝产品的偏好和不同类型的人对不同产品的偏好程度。

例如，2014—2016 年国内珠宝行业的搜索群体分析（见图 5-1）。从年龄上来看，对珠宝关注度最高的群体是 30 ~ 39 岁这一年龄段，他们占总搜索量的 46%，其次是 20 ~ 29 岁以及 40 ~ 49 岁这两个年龄段，分别占总搜索量的 34% 和 12%，总的来说，珠宝的关注群体趋于年轻化，不过这也与网民的年龄层有很大关系，年轻人更愿意使用网络搜索来了解自己感兴趣的事物，所以从数据上看年轻人对珠宝的喜爱较年长者多一些。

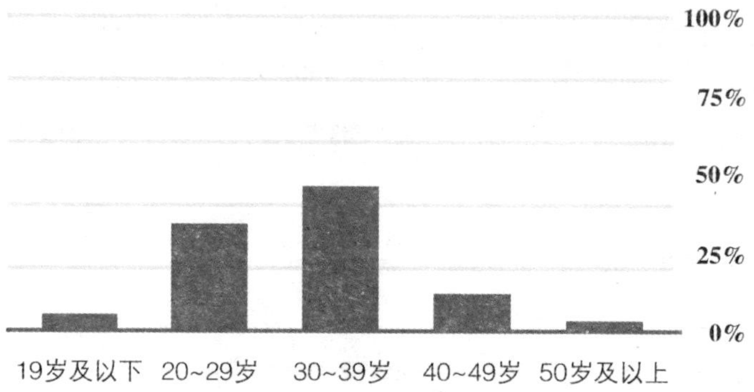

图 5-1　珠宝关注者的年龄分布

除了关注珠宝消费的人群年龄结构，我们还可以从大数据中发现其性别结构。与以往人们的认知不同，如图 5-2 所示，关注珠宝的男性远比女性多，男性搜索珠宝的比例占 70%，女性占 30%。

图 5-2　珠宝关注者的性别分布

从这个大数据中我们可以得出结论，珠宝的主要受众是女性，但男性是其中的重要参与力量。

再看细分产品，如图 5-3 所示，关注钻石的群体中，中青年人占绝大多数，20 ~ 39 岁的人占总关注者人数的 74%。这个数据符合现实情况，因为钻戒现在已经成为结婚必备物品，这个年龄段的人对钻石的需求自然比其他年龄段高。

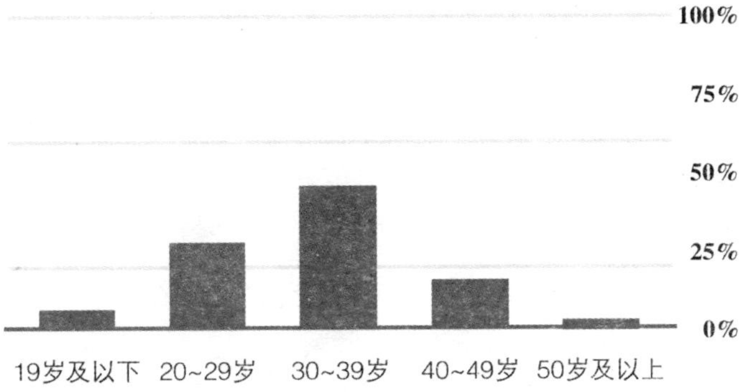

图 5-3　钻石关注者的年龄分布

而在钻石关注者的性别分布方面，男性仍然打败女性，占到了总搜索量的 67%（见图 5-4）。

珠宝店的数据告诉我们，大数据无处不在，只要留心，数据可以成为运营的依据。那么除了公开的数据调查外，经营者还可以利用哪些方式玩转大数据、摸清消费者需求、启动精准营销呢？

图 5-4　钻石关注者的性别分布

首先，尽可能地搜集数据。通过 POS 机、进店群体观测、顾客选购时偏向产品的类型和价位、移动终端、互联网、智能终端等搜集商家与消费者的交互数据，同时在企业运营过程中重视对商品数据、销售数据、会员关系数据等交易数据的收集。另外，也可收集市场调查数据、专家意见、第三方机构数据等外部数据，并对数据进行清洗、重构、填补，保证数据质量，补充到数据库中。根据商业目标，对数据进行分类，将原始数据整理为目标数据集。

其次，根据数据细分消费者。根据二八原则，商家 80% 的利润是由 20% 的重要消费者创造的，那么就重点满足这 20% 的消费者的需求。此举避免了和同行竞争者正面交锋，商家只要把握住这 20% 的消费者，那么营销资源的利用率和利用效果都能得到大幅度提升。差异化可能会丢掉一部分消费者，但是留住这 20% 的忠诚顾客能为商家带来真正的价值。同时定位消费者价值后，利用消费行为规律预测其消费需求。

最著名的是市场购物篮分析，主要是将两件看似毫不相关的商品，在通过关联分析、神经网络分析、序列模式分析的基础上，不仅考虑商品间的关系，也考虑消费者购买商品时的周期规律，从中找出差异产生的原因。

最后，根据数据细分，进行精准营销。借助互联网之前，商家的营销活动都是盲目的，确立目标受众也是撒大网捞小鱼，属于被动营销。在运营中融入互联网以后，商家通过各种手段采集和处理信息，在消费者细分和购物篮分析两种应用的支持下，将商品的卖点与消费者的需求结合起来，让营销变得更加简单，让利润率变得更加平稳，实现店铺的逆境突围。

第六章

立体营销：唯有多变才能突围

精心设计的外观让你赢在起跑线

店铺的外观除了吸引过客的目光，另一个重要功能是直接告诉过客“我们售卖的是什么”。开店之前，建议多观摩其他店面，仔细研究招牌是什么材质、什么字体，以及橱窗怎么设计。然后，想想你的店铺要用什么形式的招牌，用什么字体体现店铺的气质。这比简单地告诉装潢师傅“要温馨”“要简洁”更能传达你的诉求。招牌是用以展示店名的标记。一个出色的招牌如同一只不怕风吹雨打、兢兢业业替你的店铺招揽生意的手，它通常有以下几种作用。

一是，引导顾客。招牌标志着主要的服务项目或供应范围，如体育用品店、时装店。

二是，反映经营特色与服务传统。如某些经营汉方药、书画、土特产的商店有着悠久的历史和良好的商业信誉，如同仁堂、全聚德。

三是，激发顾客兴趣。采用各种装饰、名人题字的招牌等手段来吸引顾客，如有的招牌是名人或书法家题的墨宝。

四是，加强记忆以促进传播。一些新开张的店铺为顺应时尚潮流、推陈出新，设计出朗朗上口且不易遗忘的广告词招牌，通常店铺的招牌在材料、构图、造型、色彩以及形式上颇为讲究。

除了招牌外，橱窗也是店铺的重要展示平台。精心设计的橱窗能让过路的人产生进店的欲望。

有人说“新鲜度”是一家商店橱窗成功与否的关键。如果说打扫是维持新鲜度的“防守”策略，那么经常更换陈列品便属于“攻击”策略了。

一成不变的橱窗久而久之会叫人厌烦。一个月甚至两周不更换陈列品，就有可能让顾客误以为那里摆的是“卖不出去”的商品。所以，摆在橱窗里的商品不管销量如何，基本上应该每周更换一次。更换商品时，起衬托作用的小物件或者背景也应该适时更换。另外，一些季节感强的景物，例如雪、巧克力、樱花、绿叶、枫叶、圣诞树等，都是布置橱窗的好素材。这样一来，就会激发顾客的期待，想看看下次店铺能带给他们什么样的惊喜。 再说店门，可以设计一个卡通人物模型摆在店门口，就像肯德基的白胡子上校一样，能加深大家的印象。如果预算有限，也可以退而求其次，摆几盆有特点的盆景。凡是能够放在店门口让过往路人忍不住多看一眼的东西，都是不错的宣传品。在一条长不到 200 米的街道两侧，有 6 家花店扎堆。其中一家叫“花开的声音”的店生意非常好。这家店在门口的通道摆上花饰，并以原木色装饰店面，营造出与其他店迥然不同的味道。路人从那儿经过都会忍不住扭头看看。所以说，这家店赢在了起跑线上。这家店除了店门的巧妙设计，店内的颜色也颇为讲究。具有设计感的墙面用蓝色作为主色调，配上五颜六色的花，让人心旷神怡。鲜花的包装纸是非常漂亮的蓝色，缎带则用纯白色，塑造出该店高雅的品味与形象。

你完全可以用自己喜欢的颜色做主要色彩基调，再用相近色彩做辅色来布置你的店。需要注意的是，不要过于随意，避免店里像调色板一样五颜六色而缺乏主色。有了主色跟辅色之后，马上会产生秩序感和美感。当店铺内外、商品包装甚至店员服饰都出现一个主色调，久而久之，每当顾客在日常生活中看到这种颜色，就会想起你的店，比如人们会将蒂芙尼（Tiffany & Co.）和那种清新的蓝色联系在一起，甚至亲切地称那种蓝为“蒂芙尼蓝”。

创意营销，让顾客惊喜连连

思想要创意、产品要创意、设计要创意，营销更是离不开创意。为什么创意营销能够提升客流？原因很简单，每个人都有猎奇心理，希望探究那些让自己感兴趣的奇闻逸事。

创意营销的魅力在于它能够调动顾客的积极性，让他们主动关注店铺的营销，提升店铺的关注度。

武汉市一家自主品牌的大型零售超市在当地遭遇了竞争对手的阻击，营业额与沃尔玛、家乐福等大型超市相比逊色不少。

为了摆脱这种困境，他们尝试了这样一种营销方式：每晚 7 点到 7 点 10 分，超市日用品区及零食区所有产品打 1 折。

广告打出去后，第一天效果平平，因为很少有人相信商家赔本促销。第二天不到晚上 6 点，超市休息区就涌进了大量顾客，一时人满为患。

原来，超市广告的真实性经第一天的顾客“确认”后，许多人都对超市这种营销方式感到好奇，特地赶来超市购物。

这次促销给超市带来了巨大的客流量，还让超市的品牌辐射得更远。尽管每天 10 分钟的“1 折促销”会损失部分利润，但其营业额在短期内暴涨数倍。

创意营销的点子多种多样，但归根结底还是要吸引眼球。我们可以从一些著名企业的产品案例中一斑窥豹。

零度可乐曾做过一个“可以喝”的广告（见图 6–1）。根据可口可乐公司的调查，85% 的年轻人从来没有尝试过零度可乐，但是尝试过的人群中接近 50% 的人会成为它的固定用户。因此，零度可乐这次营销战役的主要目标群体仍然是那些从未喝过零度可乐的人。许多人看到这个标题非常好奇，什么样的广告是可以喝的？于是纷纷点击观看。

如果仅仅是广告文案创意，那这则广告也就稀松平常了，而可口可乐的线下创意才是成就这个广告的关键。只要消费者在电视上或者户外看见这个零度可乐的广告，打开手机参与互动就能真的“喝到”可乐！在这则由奥美公司制作的广告中，

图 6-1

一向热衷于将口味作为卖点的零度可乐携手 ESPN 和音乐识别 App Shazam 别出心裁地从声音入手，只要打开 Shazam，让 App 感应到倒可乐的声音，几秒后，手机上的杯子图标就会充满可乐，人们就可以凭借弹出的兑换券在 7-11 便利店、达美乐比萨店等门店换取一杯免费的可乐。

为了吸引更多的人尝试，零度可乐甚至还做了一个巨大的广告牌，称为“可以喝的广告牌”，上面的字由一根根管子组成，而可乐则会通过这些管子流到人们的杯中。在“大学比赛日”，零度可乐显然为了取悦校园里的橄榄球球迷下足了功夫，球迷只要将特制球衣上的主队 LOGO 同步到 Shazam 上即可兑换一杯 580ml 的零度可乐。为了营造激烈的竞争氛围，竞争球队的粉丝们甚至可以比比谁先“喝完”手机上的虚拟可乐。

街头灯箱的广告同样也是互动技术。App 中会出现一根吸管，你只需把瓶子里的可乐吸干，即可获得一张电子兑换券。

杂志平面是一个可以撕下来的快讯商品广告（DM），这个DM是一个被压扁的可乐杯，只要抽出里面隐藏的吸管，吹入空气，就可以去愉快地接可乐喝了。

对互联网时代的实体店来说，创意营销的渠道也应该多变。除了传统的线下营销渠道，实体店应该更多地关注线上营销，利用创意广告本身的强大传播力提升关注度。

如今，无论是做微商，还是做淘宝，只要和互联网相关，就都在借助自媒体。互联网是信息时代的大平台，如果想传播，就要有很多信息，这就需要平台，自媒体正好是最好的平台，并且相当一部分都是免费的。那么，实体店如何搭上这班快车呢？

第一，认真做好定位。定位最好跟自己的产品有关系，要将自己定位成某个领域的专家，比如做净水器，就要将自己打造成净水专家。

第二，利用好自媒体平台。要按照自己的定位起一个统一的名字，要简单好记，常用的自媒体平台有今日头条、博客、百度贴吧、微博、搜狐自媒体、UC订阅号、QQ空间、豆瓣、微信公众号平台。

第三，优化文章。文章要从自己熟悉的领域开始分享，依照专家的思路打造，在每篇文章结尾留下自己的联系方式，如QQ号、微信号，以便阅读者联系。如果没有时间做，可以招聘一个文案编辑，专门来做这件事情。后期的文章要做有针对性的优化，可以投入成本做全网推广。

第四，精心打造内容。消费者试用体验是最好的内容打造，将它发布到自媒体平台是最好的传播方式。

实体店对外发布的信息和内容不应该是平淡的新闻通稿或直白的广告，应该像媒体一样试着制造新闻和热点，让每一条信息都对消费者有足够的吸引力，让他们主动转发传播！

那么，实体店如何将所发布信息的内容媒体化呢？

第一，结合时事热点。2011 年 6 月 23 日北京经历了一场大暴雨，杜蕾斯团队不失时机地策划了“杜蕾斯套鞋防止被淋湿”的微博事件，此微博一发出，1 小时内转发量便破万，3 天时间转发超过 9 万次。实体店也可以巧妙地结合时事热点在互联网上营销和传播自己。

第二，借力热点人物。猪八戒网上线初期正值超女李宇春走红，猪八戒网就悬赏 500 元为李宇春征集裙子，任务一出，“玉米”们纷纷报名竞标，这条新闻打响了网站的知名度。

第三，寻找与其他品牌的契合点。内蒙古乳业第一品牌是伊利，第二品牌是谁？没人知道。蒙牛刚起步时打出的是“做内蒙古第二品牌”，冰激凌的包装上写着“为民族工业争气，向伊利学习”。把蒙牛和伊利捆绑在一起，借伊利之名，打响了蒙牛品牌。

第四，与粉丝互动。小米手机的微信号后台客服人员每天的主要工作是回复粉丝的留言。其实小米微信后台可以自动抓取关键词回复，但小米用一对一的服务提升了用户的品牌忠诚度。

异业合作，借力打力

山东临沂市有一家叫“顺和酒行”的店铺，在白酒市场低迷的大环境中将白酒生意做得风生水起，开业 6 年就将连锁门店扩展到了 60 家。

之前酒类连锁店的作用更多地在于形象展示，利润主要来自于团购。但是没了团购后，去哪里找销量呢？

一次，顺和酒行创始人马龙刚受朋友之邀到一家健身会馆打球，结识了会馆的老板。得知这个会馆只向会员开放后，他向这个老板提出一个诱人的建议：“我给你带 100 个新会员来怎么样？”

一番商议后，会馆给了马龙刚 100 张面值 1 000 元的健身会员卡，并在健身会馆提供场地展示顺和酒行的产品形象；马龙刚则提供给健身会馆 100 箱价值 1 200 元的白酒，供他们作为会员礼品或招待使用。

在支出了 12 万元的白酒成本后，马龙刚得到了什么呢？10 万元的健身会员卡可作为礼品送给酒行的贵宾会员，会馆内的展示柜也能带动白酒销售。会馆也得到 100 个新会员以及他们所带来的潜在客户，12 万元的酒水作为入会的礼品，效果不错。

这是一次双赢的交易，有了这次成功的经验后，马龙刚用类似的方式与汽车 4S 店、高尔夫俱乐部等会员制的服务机构合作，产生了 1+1>2 的效果。

“这些正是我的目标消费群体聚集的地方。”马龙刚说。他的酒行获得了与目标消费者直接沟通的机会，顾客数量随之增长。

这就是异业合作，异业合作是指两个或两个以上不同行业的经营者通过分享市场营销中的资源达到拓展业务、降低营销成本的目的。之所以强调异业，很简单，同行是冤家，谁都不会把自己的资源拿出来给同行，那不叫分享，叫自杀。

除了必须是异业外，异业合作的另一个前提是合作方的目标消费者部分或者全部重合。若没有交集，合而不作，没有意义。

很多大企业也在进行异业合作，不过他们大多是基于品牌推广的合作。对实体店来说，捆绑销售与渠道资源上的异业合作更现实。

捆绑销售是一种搭便车的捷径，例如将鼠标垫捆绑在电脑上销售，这是最原始的捆绑。拓展思路，像顺和酒行与健身会馆之间看似风马牛不相及的两家企业也可以实现捆绑，因为他们的目标消费者交集规模大。不过，这种捆绑销售不是简单的促销，而是着眼于扩大消费群。酒行的捆绑销售无疑会给健身会馆带来不少新客户，而新客户变成续费的老客户相对容易。

顺和酒行得到了什么呢？除了 100 张礼品卡能够赢得客户

的好感外，健身会馆给予的渠道资源合作是最大的收获。所谓渠道资源合作，是指让合作企业的产品通过自己的销售渠道进行销售，或者是开放产品展示渠道，为合作企业的产品提供更开阔的展示平台，通过渠道资源的共享实现自我产品的销售。健身会馆为顺和酒行设置的形象展示柜不仅可以带动销售，还是一个很好的广告展位。异业合作并不需要太多的资金就能产生立竿见影的效果，它需要的只是独到的眼光与智慧。

善用微信公众号

周末与朋友聊天到饭点，邀他一起去某家火锅店边吃边聊。朋友说没预定恐怕要排队等位。我掏出手机，打开该火锅店的的微信公众号拿了一个号，还点好了菜。微信里显示前面有 22 桌排队等候，再估算时间动身，免去了排队之苦。朋友说这种操作太方便了，一定要我给他演示一遍，然后掏出手机关注了这家火锅店的公众号。

我又是怎么关注这家火锅店公众号的呢？半年前在这家店吃饭，结账时前台问我关注了该店的微信公众号没有，说关注后可以打 95 折。95 折虽然吸引力不足，但顺手扫一扫二维码也没有成本，就自然关注了。此后，每周会收到 3 个左右的推送消息。大多就看一下标题，有时看到优惠券，觉得近期会去吃，就点开领取。

除了排队、点餐功能，吃完后还可以直接在微信公众号上结账，食客和店铺都省事。如同百川入江，微信公众号的粉丝来源渠道很多。归纳起来，实体店公众号的流量来源主要有7个。

第一，店内顾客。每个进店的顾客都是精准的公众号粉丝，可以通过各种方式吸引其关注公众号，由此形成线上线下的商业闭环。顾客关注了微信公众号后，店铺随时都可向其推送新品、优惠或活动，甚至连会员卡都可以绑定在微信公众号里。

第二，微信个人号。微信好友是你最容易获得的公众号种子粉丝。除了运营者的好友，还可以发动全体店员将好友导入公众号。此外，运营者可以有意识地增加自己的微信好友，然后将好友导流到公众号平台。

第三，本地论坛。本地论坛上的网民是本地公众号最精准的粉丝，赢得这些粉丝的方法只有一个——高质量的原创文章，如果还带有鲜明的地域特色，效果更佳。

没有必要专门另写文章在本地论坛推广公众号，直接将公众号上的原创文章发表到论坛即可。如果你原本就在论坛混到了脸熟，那么可以直接将公众号二维码附在文章后，版主一般不会计较。如果你是为了推广而新注册的ID，那么最好先发几篇文章再尝试贴二维码，否则可能遭到删帖。如果版主明确禁止附上二维码，那么就在文章末尾写上“更多精彩内容，请关注微信公众号：××××”，这样一般是不违规的。

需要注意的是，除非你的每一篇文章都是高质量的原创，否则不要将所有公众号文章都搬到本地论坛上。多而滥，不如少而精。

第四，本地微信群、QQ 群。通常的做法是在同学群、同事群、兴趣群转发公众号文章，公众号刚起步时，质量高的文章可以适度发点儿红包请求大家转发。这些群里有与自己关系较好的，可以请他把自己拉入其他群，或者发红包请大家拉自己入群，如此裂变，你的本地微信群很快就会壮大起来。

加入 QQ 群相对容易一些，可以通过搜索关键词申请。手里最好拥有 10 个以上的太阳号，每个太阳号一次申请加入三四个群，每次间隔 2 小时以上，每天加群申请不超过 20 次。

新加入一个微信群或者 QQ 群，最忌讳的是一进去就甩出一个广告（或公众号文章链接），给人一种目的不纯的感觉。也不要刚进群就加人，这样做通过率不高，而且容易被群主或管理员踢出群。进群后可以先根据人数发一个 5 ~ 10 元的红包，然后跟大家闲聊几句，待大家有点儿熟悉自己了，再适当发些公众号文章的链接。通过观察，如果群内允许发公众号二维码，也可以直接发二维码邀请大家关注。

第五，视频。可以拍一些带有本地文化烙印的视频发布到腾讯视频、搜狐视频等主流视频平台。可以是方言类的，也可以是地方古镇、风景人文类的，在视频中打上公众号的水印，设计一些引导大家关注公众号的游走字幕。此外，视频结尾时可以加上公众号二维码图片，并语音提示大家关注。视频制作比较烦琐，但如果观看者喜欢，吸粉能力很强且周期很长。

上传视频之后，别忘了在自己的公众号、朋友圈、微信群、QQ 群、论坛等线上大量转发。

第六，百度贴吧。本地贴吧的流量与活跃度极高，而且这些用户几乎全部是你的精准用户。以无锡贴吧为例，注册用户 39 万，每天新帖成百上千。你可以发一些带有本地特色的原创文章去宣传公众号，注意尽可能跟吧主搞好关系。

第七，线下活动。策划一些潜在用户感兴趣的主题活动，户外产品专卖店可以组织爬山、骑游，渔具店可以举办钓鱼大赛……组织这样的活动花费很少，吸粉效率高。

个体小店营销利器：个人微信号

相较于微信公众号、微博等自媒体平台，个人微信号的私密性与安全性更强。有些实体店老板的个人微信号好友数量超过 5 万（多个个人微信号的总和，由助理或员工代为打理）。这些个人微信号的影响力比一个 10 万粉丝的公众号大得多。

那么，上万的微信好友是怎么得来的呢？

首先是线上来源。最快捷有效的就是公众号了，可以定时在公众号文章里推送自己的个人微信号，也可以通过公众号引流粉丝进入微信群，然后通过微信群添加好友。这样做的好处在于对方本身就是你的精准用户，对你具备天然的信任。这批粉丝（好友）是诞生核心用户（铁粉）的最佳土壤。

这里还要重点说一下你当群主的微信群，你可以在微信群里请群友拉好友入群，然后你再添加入群的新群友，这也是壮大微信好友不错的方法。另外你可以加入目标用户的微信群，进去后把群里的人全都加一遍，再一个个私下问问他们还有没有这种类似的群，把你拉进去，这种方式可以无限裂变。这些事情可以对员工进行培训之后，交给员工去做。

其次是线下。各种聚会是扩充朋友圈的最佳场所。你翻一下你的小学、初中、高中、大学微信群，是不是还有不少不是你的微信好友？

如果有，表明你的营销意识太弱。连最应该利用的机会都没有利用，谈何开发开拓？在北京的地铁里，经常看到陌生人拿手机叫人扫二维码添加好友。这才叫具有开拓精神！

当然，开店的老板基于时间成本不可能到处请求陌生人添加好友，但起码要做到熟人都在自己的朋友圈内。各种聚会上也要大胆主动加为好友。

加了微信好友之后，怎么转化为购买力呢？

微信朋友圈是一个私密性很强的社交平台，大家在这个圈子里晒各种照片、吐槽……但是微信朋友圈绝不是一个单纯的社交平台，经营得当的话，它不仅能为店铺引流，还能培育公众号的核心用户。事实上，高质量的个人微信号本身就具有很高的商业价值，有些个人微信号发一个朋友圈广告的收费高达万元。朋友圈里不要总是刷硬广告。朋友圈是塑造你专业形象与个人信用的地方，大家接受了你、信任了你，自然就会来照顾你的生意。

重庆的陈女士开了一家土特产的店，高山上养的羊、鸡，采的蘑菇、蕨，都是纯天然产品。她经常在朋友圈里晒大山里进货的各种照片，或转发一些关于重庆的新闻以及一些好玩的、好吃的信息。

她还组建了一个吃货微信群，在群里并不是只做软硬广告，更多的是参与群内的话题讨论。靠着微信，她的店铺生意非常红火。

对于微信营销，陈女士认为“攒人品”至关重要。同行不少，凭什么让客户相信你、选择你，靠的是日常点点滴滴汇集起来的印象。客户一旦相信你，同行怎么抢也抢不走。

微信营销不能操之过急

微信营销一定不能操之过急，要先聚拢人气，有了一定的精准用户后还要培养信任，建立长期的沟通。在店铺营销上，“用户至上”一直是金科玉律。但是你知道吗，“用户至上”运用到实际运营中往往存在诸多不应性，而这种“不应”就决定实体店的思路必须具体问题具体分析，远离致命误区。

误区一：被动追逐、迎合消费者的需求。

从理论上说，不断地进行市场调查、收集资料、分析消费需求，不断地根据消费需求改进产品，进行新产品设计与研发，就能赢得消费者。可是消费者的需求是时刻变化的，以餐厅为例，增加餐厅菜品的数量、改进口味并不那么容易，也很难迅速满足消费者需求的变化，餐饮店经营者在追赶消费者方面往往感到力不从心。

然而，餐厅一味地迎合消费者的需求，不做需求预测，只是追随消费趋势变化，没能引领消费，势必处于被动，无法满足消费者时刻变化的需求，最终只能陷入恶性循环。

满足顾客的需求，体现“顾客至上”的精神没有错，但不能完全追随顾客的感觉，不能让顾客牵着鼻子走。经营者要学会多种市场调查分析方法，把握消费者行为变化的规律，对需求变化的趋势大胆地做一些超前的科学预测，并针对变化的趋势改进自己的产品或进行新产品的研发与设计，这样才不至于困在消费者的需求变化中，才不至于陷入疲惫不堪的被动境地。

主动出击，引导消费新潮流，让消费者追随企业的理念和营销，才能把握住发展趋势。

误区二：将市场调查当成救命稻草。

有一些老板不惜投入重金委托专业的市场调查公司出具市场调查报告，以作为决策判断的参考依据，他们甚至对市场调查的能力深信不疑，凡事均以市场调查的结果为依据，开会讨论时也引经据典，强调数字魔力。那么，市场调查果真如此万能？

数据能解决所有问题吗？

事实上，市场调查是以科学的方法搜集、整理、分析相关的市场资料，在一定的误差率下，自有其相当的可信度和参考性，既不会毫无用处，也不是万能的。市场调查只能提供客观的市场资料，以作为决策的参考，单凭市场调查资料也没有办法做出明智的决策，因为除了事实资料，决策还涉及决策者的判断、智慧、胆识，以及其他主客观条件与状况等复杂因素。如果我们能正确地对待市场调查运作，将它当作有价值的参考资料，既不过分抹杀它，也不过分迷信它，相信市场调查所提供的资料有助于经营者做出正确的决策。

事实上，市场调查是一门专业而复杂的工作，并非一般人想象中那么简单。它涉及市场调查方法、抽样方法、问卷的设计、执行的技巧与严谨度、资料的整理分析，以及市场调查报告的撰写。只要其中一项稍有闪失，就可能会影响市场调查运作的信度与效度。而这也正是专业市场调查公司生存的基础，它们借助专业知识和经验的积累，发展出市场调查运作的种种诀窍，以确保市场调查运作的质量。

在明白市场调查的价值之后，往往还会产生一个疑问，那就是市场调查费用通常都不低，有没有比较省钱的市场调查运作方式？这是一个难以回答的问题，毕竟市场调查运作方式的专业度和严谨度会直接影响市场调查结果的信度与效度，而这与费用高低直接相关。不过，即使是专业市场调查公司，报价也有高低差异，甚至有人说经营者自己做最省钱。但是，在选择低成本的同时，你也可能牺牲了市场调查结果的可信度。谁也不敢说低成本运作方式的信度和效度一定差，或者高成本的运作方式一定优于低成本的方式，这是概率问题。根据经验显示，市场调查成本和市场调查结果好坏存在一定的正比关系。经营者为了省一点儿市场调查费用而去冒险，以至于可能得到可信度低的资料来作为决策参考，岂不是得不偿失？

当然，这也并不意味着高成本的专业运作一定可以得到绝对具有参考性的资料，因为市场调查运作有基本限制，有允许的统计误差，再考虑到受访者所提供答案的真实性，其中也有许多不确定性存在。这也是我们一再强调市场调查绝非万能、千万不要过分迷信的根本原因。

20 世纪末，可口可乐公司在美国推出新配方之前，曾经举办过多次口味测试，调查结果显示，在品牌盲测中，消费者比较偏爱新配方的可口可乐，而不喜欢百事可乐。根据这个测试结果，可口可乐信心满满地推出新配方的可口可乐，结果呢？消费者表示拒绝，逼得可口可乐只好重新推出“旧配方”的可口可乐。

问题出在哪里呢？原来整个调查是在盲测的情况下进行的，当消费者不知道何种品牌时，他可以完全依口味喜好做“理性的”判断，但一旦挂上品牌，情况就不同了，其中还涉及对品牌的认识和偏好，进而干扰了整个判断。在这个时候，口味判断已不再那么理性，这也正是品牌的魅力所在。

在竞争日益激烈的餐饮行业中，知己知彼越发重要，其中包括了对消费者与竞争者的了解。经营者可以借助市场调查有效地降低新产品上市的风险，了解消费者的购买使用情况，测试营销运作效果。并经过探测消费者的反应，了解自身品牌身处何地、竞争对手有哪些强处、哪些弱点、潜在顾客的内心表现、日后的发展方向，以及市场还有哪些机会等。只要我们正确对待市场调查资料，不过分迷信它，从中解读出有意义的信息后，应当再加入自己的策略性思考判断，配合本身对市场的了解与经验做出周到明智的决策。

第七章

朝线上打：你将得到整个世界

O2O 模糊了实体店与电商的界限

O2O 是指线上与线下相结合的电子商务。在 O2O 商业模式中，整个消费过程由线上和线下两部分构成，在线上寻找消费者，然后引导到线下，即“线上引流，线下促进交易”。线上平台为消费者提供消费指南、优惠信息、便利服务（预订、在线支付、地图等）和分享平台，而线下商户则专注于提供服务。

O2O 这一概念的提出者亚历克斯·兰佩尔（Alex Rampell）也是美国一家支付公司的创始人，他善于思考分析，他想：不爱存钱的美国人一般年收入 4 万美元，其中网购支出约 1 000 美元，除去银行的少量存款外，3 万多美元去哪里了？答案是咖啡厅、健身房、餐厅、加油站、干洗店、理发店这些线下商店。他发现这个市场很庞大，苦思冥想之后提出了 O2O 概念。

由此可见，O2O 的出发点很简单：觊觎线下传统行业的庞大市场，线上要跨界“打劫”。其方法不仅限于将线上流量引流到线下，还包括将线下客户引导至线上。

O2O 的概念虽然是兰佩尔发现、提炼并命名的，但在此之前，创业者们已经付诸实践。回顾历史，O2O 发展至今可以分为两个阶段。

第一阶段是PC时代（2004—2011年）。此时O2O只是雏形，线上与线下有互动，但只是网络营销、粉丝经济。通过这种单向的广播式传播，为几个点的转化率苦苦挣扎。当然其中也有简单的互动和用户信息的收集，但这种交流互动是浅层次、低频次的，所收集的信息类型、领域也比较有限。如在携程、去哪儿等在线旅游服务提供商处订酒店，然后线下入住。2010 年冒出来、2011 年打得不可开交的团购网站，如美团、拉手、窝窝团、24 券、满座网、高朋网都可以归类于 O2O。

第二阶段是移动互联网时代（2012—2016 年）。移动互联网时代，智能手机使我们可以随时随地随意上网，这大大拓展了商业领域，通过数据分析可以知道用户的性别、年龄、购物偏好，进而设计出更有针对性的产品，并精准指导线下行为。此外，方便快捷的移动支付打通线上线下，形成 O2O 闭环。

如果你的项目无法打通线上线下，这个项目就不值得做。互联网领域的战争已经结束，现在做纯互联网项目只能给巨头当靶子。互联网巨头的长处都在于纯线上和纯虚拟世界，一旦落地，陷到传统产业中，他们的能力就发挥不出来。

因此，近年来，电商巨头都开始热衷于线下开实体店。2017 年 4 月，电商巨头京东宣布将在全国开设 100 万家京东便利店，其中一半在农村，预计每个村都将覆盖。2017 年 3 月，阿里巴巴整体并购了银泰百货。5 月，阿里巴巴入股联华超市，成为联华超市的第二大股东。

电商朝线下打，实体店唯一的应对之道是朝线上突。2013 年 1 月，“电商消灭实体店”的预言横行，《创业家》杂志记者曾选择五道口作为样本，近距离观察店铺生存状况。两年后的 2015 年 3 月，移动互联网和 O2O 当道，受益于 O2O 的楼内店越来越多。

开在某公寓内的一家聚会场所“顽主轰趴馆”，提供桌游、台球、KTV、厨房 DIY、家庭影院、Xbox 体感游戏等多项娱乐设施，完全靠口碑和团购网站导流，它在大众点评网上的得分是四星半。

2011 年 11 月，29 岁的史鑫与另外 3 个年轻人一起做了一个名为“逃立方”的实景密室逃脱游戏。他们依靠天然的互联网基因，在初创阶段利用百度推广、QQ 群进行传播，很快，又登上了拉手网、百度糯米这些 O2O 平台。据统计，2012 年“逃立方”来自网络的玩家占到 60%，2014 年主要的客源则来自口碑和地面推广。

然而，史鑫并不满足于此，他们又打算尝试移动互联网行业的创业。他说：“未来的规划有两个方向：第一个是继续做实体，比如与‘逃立方’类似的娱乐项目；第二个就是做 App。但具体选择哪个方向，现在还未确定。”

电商和实体店的关系早已是“你中有我，我中有你”。

经过了潮水退去的阵痛，实体店调整姿势，积极拥抱互联网和O2O。更多的店铺经营者开始苦练内功，锤炼供应链、产品和服务。

网络与网购的发达，不会让实体店消亡。线下会经历变革，留下来的一定是朝线上发力，用O2O的方式进行创新的实体店。

位置服务给实体店触网提供了支持

当你在逛街时，突然饿了却不知道哪家店更符合自己的口味，或者物美价廉，怎么办？

点开大众点评网的App，定位后即可获得周边餐馆的信息与优惠，还可以按导航找到餐馆，进店消费，或者直接叫外卖。吃完饭后，走出门就会有一辆出租车停在你身边——前提是你提前点开打车App叫车。

之所以能如此精准地提供位置信息，是因为位置服务（LBS）。它能利用手机定位你的具体位置，并告诉你周边消费场所的特色与位置。而当你打车时，距离你最近的空车能够知道你的位置并立即赶来，如果你愿意，还可以通过App与司机交流。

因为LBS的出现，移动终端成为人类器官的延伸，具备了对地理空间的精确感知能力。这是移动终端与PC端截然不同的一个特征。LBS不仅创造性地将用户线下位置信息纳入用户互联网行为特征的数据库，还能准确地了解用户的行为特点，从而真正实现线上营销与线下定位的贯通。在此基础上，可以延伸出一系列受用户欢迎的 O2O 商业模式。例如前面提及的餐饮业与出租车业。

LBS 给传统店铺朝网上发力提供了支持，如超市、便利店，服装店、餐饮店。以餐饮店为例，可以通过 LBS 向附近区域的用户推送促销信息、新品信息，也可以发布优惠券、试用券，消费者直接拿手机上的优惠券或试用券到实体店享受折扣。市区和郊区的消费能力不一样，同样的餐饮店提供的菜品会不一样，投放的广告也不一样。

其他一些 O2O 垂直行业也受益于 LBS，如基于位置的酒店订房，在手机端完成影院选定、选片选座和购票，用手机找附近的家政保洁人员。手机就像哆啦 A 梦身上的口袋，帮消费者解决一切需求问题。

LBS+O2O 具有无限想象的应用价值，在基于 LBS 的消费半径内满足用户个人需求而提供的服务将拥有更广阔的市场前景。以美团为代表的团购网站自 2012 年起在移动端呈现井喷般增长，就是受益于 LBS。

从这个角度看，智能手机和 LBS 模糊了线上线下的界限。线下的地面店，可以看成一个线上网站；线下活动着的人，因为可被跟踪（与服务），变成了线上的流量。人们在线下的移动和在互联网上从一个网站跳到另一个网站，似乎也没有太大区别。线上线下高度重叠与融合，这正是 O2O 所追求的。

有了移动终端，人们不再需要专门抽出一段时间去购物，而是随时随地在购物。有了移动终端，人们不再迷信商家的广告，而是更信任朋友圈分享的使用心得与商品栏目下的点评。有了移动终端，人们可以轻易找到附近心仪的店面，可以通过扫码进行价格对比，可以直接完成支付。

“得终端者得天下”，在移动互联网的时代，你的终端不再局限于卖场，而是每一部智能手机。传统的购物过程是线性的，而移动时代的购物是互动的：利用快捷的通信技术，在线与实体零售商分秒必争地抢夺顾客。移动消费者拥有指尖上的权力，“用脚投票”逐渐变成“用鼠标投票”，如果抢不到终端，再好的产品也是零。

世界是软的。就像《免费》的作者克里斯·安德森所说的：原子经济正在进化成比特经济，无形的、媒体的、软件的、服务的软世界基本法则将很快统领现实的、物质的硬世界。只有掌握了软世界的独特法则，并顺势而为，才能在这场巨变中获益。

O2O 对实体店有四大好处

对实体店来说，通过 O2O 从线上引流到线下很容易理解，毕竟多一个消费者多赚一份钱。可是线下的用户为何要引流到线上去呢？

首先，降低交易成本。比方说你去餐馆就餐，传统的模式是递给你菜单，站在边上等你点菜。网上消费的用户早就在线上完成了点菜和支付。这样，可以节省点菜和结账的人力。不仅于此，节省的时间也是钱，原来中午只能翻台 3 次，网上消费后可以翻台 4 次。

对于老用户，知道每道菜的口味，网上点菜并没有障碍。对新用户来说，其实也不难，因为网上可以看到顾客对每道菜的评价，可以参考。事实上，作为第三方的顾客，他的评论比服务员的介绍更准确、更可信。

其次，降低场地租金。传统做实体店的人都知道“一步差三市”的古训，也就是说，开店地址差一步就有可能差三成的买卖。大家都争抢黄金地段，导致租金节节攀高，令商户不堪负重，但又不能移动。

移动互联网时代削弱了选址的重要性，节省下来的交易成本、场地租金可以通过优惠的方式回馈给顾客。这是双赢。

再次，有利于产品改进与研发。线下的消费，顾客体验感好坏大多数都不会跟商户说，他们只是用脚投票，好就再来，不好就不来了。究竟好在哪里，不好又在哪里？你很难听到真实的声音。线上就不同了，顾客会直接说出自己的看法，甚至建议。很多时候，顾客乐于参与产品的设计。比如，一家服装店要进哪些货，一家餐馆的剁椒鱼头做得如何，这些都可以从评论里捕捉到信息。当然，经营者可以主动在线上询问，开展商业调查，并让顾客参与产品的设计与制造。

这样做的结果是产品越来越符合顾客的口味。而顾客因为参与进来了，感觉自己受到了重视，支配了结果，“这件货是我要求店主进的”“这道菜应我的要求加了桂皮”，还能不“买买买”吗？

最后，店铺拥有一批不要工资的推销员。以前，顾客消费体验好，会向身边的朋友推荐。现在不同了，他不仅在朋友圈推荐，还会在 O2O 平台（如大众点评网、美团或店铺官网）上点赞、给好评。这种第三方的独立评论，对新顾客的推销力度特别大。

反之，若是差评，对商户的杀伤力也很大。但差评完全是坏事吗？也不是，是一个发现短板、改进产品与服务的好机会。

因此，那些占据了好地段但不用心开发线上的店铺，会发现一个又一个的顾客路过，不正眼看玻璃橱窗上写满的各种优惠促销，也没被漂亮的促销小姐温柔拦截。他们目不斜视，直奔巷子里的一家店，因为他们已经在线上预定并付了款。而他们之所以预定并付款，是因为价格更优惠（交易成本与场地租金降低了）、消费过程不烦琐（假设是餐馆，坐好就上菜，吃完就走）、口味越来越符合自己的喜好，也很尊重“我”的意见。这样的店铺，谁不想去？

送货上门，做“零距离电商”

设想一下，都市白领的休息时间其实很有限，周末又有许多累积的家务要做、个人事务要处理、亲友要走访，还要准备未来一周的家庭生活用品。

英国媒体曾对英国国内 1 000 余名 75 岁以上的老人做过一次调查，结果显示：每个人一生当中，在购物、娱乐等活动中浪费在排队上的时间平均累积达 1 年半，其中用于排队购物最后又以“落空”告终的时间加在一起长达 13 天。考虑到中国的城市人口密度，这一数字只会更惊人。

在这种情况下，如果能够用手机搞定采购事宜，甚至叫来美甲、洗衣、外卖等上门服务，不仅仅意味着节省时间和体力，更是生活方式的改变——完全可以把休息时间用于郊游、社交或上学充电等活动。对实体店来说，在本地生活圈送货上门，要比电商走物流便捷得多。下单方法多样，微信、电话都可以，也有多种支付方式可供选择——微信红包或货到付款，送货时间更短，没有复杂的流程。实体店的这一竞争优势不可忽视。

基于网络平台的社区生活服务早已出现，就是这几年出现的 O2O 模式。一方面出现了新的平台或潜在的平台，比如微信公众号，大力推广线下的服务及闭环；另一方面来自移动互联网的大环境，位置、实时、交互、细化到人，都让本地服务更接地气、更贴心。

为周边顾客送货上门的话，实体店有着网络平台无可比拟的地理优势。实体店还有一种与电商不同的送货方式——“购物 + 送货”。实体店购物的乐趣在于体验，顾客在店里挑选自己想买的商品，购满一定金额即可预约送货上门。这样，顾客即享受了购物乐趣，确保了商品质量，还不必大包小包自己拎回家。

如果一定说移动互联网是一场革命，那么实体店在这场革命中失去的只是锁链，得到的将是整个世界！

第八章

夯实服务：利用好面对面服务的机会

服务是一种竞争力

在某体育院校附近有一条商业街，集中了很多专卖运动、休闲类服装的商店。尽管不少学生热衷网购服装，但由于该院校规模大，线下服装店的生意都还不错。

老谭看到生意红火，也想从中分一杯羹。可是运动服装店开业后，生意一直没有起色。

为了寻找突破口，老谭多次到学校观察了解。他发现大部分学生不爱洗衣服，特别是对穿着运动一次就脏的运动服十分头疼。老谭想到了一个好办法。

经过一番准备，在新学期开学的第一天，老谭在店铺门口打出了一个广告："在本店购买的任何产品，一年内凭购物小票享受 1 元水洗，不限次数。"

这种服务方式一经推出，深受学生的欢迎，店铺的销售业绩也屡创新高、而他所做的仅仅是买了一台洗衣机（后又加购一台）、请了一位洗衣工而已。洗衣费虽然很低，但也差不多够水电和人工支出。

不但卖服装还为顾客洗服装，这就是服务给店铺的经营带来的不同效果。

为什么服务也是一种竞争力呢？因为在产品更为丰盛、消费者主导市场的今天，人们消费的不再是商品本身的使用价值，更看重的是在购物的同时能否享受到心理上的舒适与满足。如果商家能够通过服务为顾客创造更多的价值，让顾客在接受服务的过程中产生一种满足、愉悦甚至被关爱的感觉，那么顾客怎能不满意？怎能不被感动？

不论你的出发点何在、动机何在，只要你确实为顾客多考虑了一点儿，为他们提供了一些额外的服务，他们也会关心你，从而更加感谢你，把自己的感谢化为对店铺更多的馈赠。你就在他们的满意中赚取了自己想获得的利润。而且，对实体店来说，很多线下服务是电商难以做到的。这是实体店的独特优势与竞争力。

有了移动终端，消费者的话语权实现指数级的增长。每部智能手机（平板电脑）对应的是一个真实的、唯一的人，每个人随时随地都是资讯的接收者，也是资讯的创造者和传播者。每个商家、每个个体都可以成为重要的信息与互动节点。用户在消费后会将体验发布在商家的平台或QQ群、微博、朋友圈。一个好评或美妙的购物分享，能轻易给商家带来一批新客户，反之，会使商家遭受不可估量的损失。

特别是小店铺，和大店铺相比，在经济实力和规模等方面都不占优势，更应该从提高服务水平入手增强自己的竞争力。

因此，那些没有正确服务意识的从业人员还是要尽早转变思想，培养正确的服务意识，让服务成为一种习惯，才能服务到位，才能符合当今时代发展服务经济的要求。

处处真心为顾客着想

有这样一件事，一个中年人牵着一个十六七岁的女孩在一家中档美发店门口吵闹，围拢了一群看热闹的人，他扯着嗓门冲美发店经理大发雷霆：“就算我家孩子再三要求，你们也不应该为她烫这种方便面头！难道你们不知道她还是个学生吗？你看看，还染了这么个颜色，亏你们干的出来！还收了 2 000 块钱！”

中年人不给经理开口辩解的机会，又咆哮道：“你们美发店想多赚钱，能理解，但也得分清对象。她还是个靠父母养的学生，你们赚这种昧良心的钱就不怕遭报应吗？”

中年人越说越生气，经理主动将 2 000 元如数退还，风波也未平息，他还要求美发店将他女儿的头发恢复原状。当时给女孩烫发的美发师恰巧不在，经理不得不代他受过，一个劲儿地赔礼道歉，并亲自为她拉直、褪色。

这家美发店可谓“赔了夫人又折兵”，既赔了钱又失去了信用。

看到这儿，你是不是会觉得他们活该呢？

且慢，不要妄下结论，听听美发师讲述的事情的前因后果。

当时，那个小姑娘提出要烫发，美发师就问她："你们学校允许烫发吗？"小姑娘回答："没关系，烫吧。等开学前两天，我再来把头发做回现在这样。"美发师问她要做什么价位的，她反问："哪种药水对头发损伤小？"美发师就推荐了一种比较贵的。在烫发时，小姑娘看到旁边一位女士染了栗色头发，又提出了染发的要求，并问染发是不是很费事，美发师当然回答不费事……

这位美发师很委屈地对经理说："是她自己主动提出要烫、要染的！离店时还很满意，一再谢我，特高兴地回家了。谁知道，跟她爸爸一起来的时候竟然一言不发，好像是我逼她做这一切似的，一切罪过都推到了我身上……"

经理问了其他人，确认美发师说的是实情，美发师并没有极力劝说小姑娘高价烫染头发，也就没再追究此事。

即便如此，在整个服务过程中，美发师也存在一些问题，值得服务行业吸取教训。

首先，小姑娘提出要烫发，美发师特意问："你们学校允许烫发吗？"得到的回答是："没关系，马上要放寒假了，开学前再弄回来。"

到这里为止，美发师在服务方面可以说考虑得比较周到，没什么纰漏。不过接下来，在选择烫发药水的问题上犯了不小的错误。当然，从美容院商品买卖的利润来看，同样是烫发药水，价钱越高，利润越高，质量也越好。如果顾客有一定的购买能力，使用高价位的药水对双方都有益，不会出现任何纠纷。但是，服务对象是学生，推销高价产品就不可行了。而且，顾客说了在寒假结束前还要拉直，那么满打满算也就保持一个月左右，完全没必要用高级药水。

正确的做法应该是，考虑到顾客的特殊情况，向她建议："既然时间不长，可以用便宜的药水。放心，它足以保持一个月不变形。"这种充满爱心的诚恳建议将赢得对方的好感。

第一次烫发的人可能会问："用最便宜的药水会不会伤头发？""烫完看起来会不会不自然？"对诸如此类的疑问，美发师完全可以以内行的身份向顾客解释，打消顾虑。

听完美发师的解释，钱本来就不多的学生多半会答应。

因此，问题的关键不是女学生主动要求要最贵的，而是作为一名负责的美发师有必要帮顾客考虑更多。特别是了解到顾客只想保留一个月后，就应该劝其改用其他药水。

在染发问题上，这个美发师也欠考虑。虽说小姑娘主动要求染发，他也应该慎重："你家长同意你染吗？"

看到这里，有的读者可能会摇头："如果都像你说的那样做，还做什么生意？还怎么赚钱？"

的确，商场如战场，采取什么样的战略战术十分关键。究竟是看眼前利益，还是顾长远利益，这是每位实体店经营者都必须认真想清楚的问题。特别是现在，同类店铺满街都是，还有无孔不入的电商（即使是服务类的，也有电商在介入），你靠什么来取胜呢？

还不是靠服务质量，靠人情味，只有心诚才能拉住顾客。前述的美发师只顾及了眼前利益，最后招致了家长的愤怒，其代价不单单是白做了一单生意，女孩一家人甚至围观者可能都不会再光顾这家店了，他们还会向邻居、朋友大讲这家美发店的不是。

由这件事情，我们也可以看出，服务时最重要的是什么，是对顾客的“爱心”和“体恤心”。只有这样，才能真正做到处处为顾客着想，才能赢得顾客的信任和关照。

用尊重与关怀打动顾客

我出差到广州，因为甲方临时变动时间而在酒店附近闲逛。在一条不算繁华的街道上，我很惊奇地发现了一家小书店，近几年已经很少见到小的个体书店了。一是因为好奇，二是为了打发时间，我走进了书店。

书店以售卖文学类图书为主，翻看差不多半小时，也没有找到我想看的商业类图书。我打算出门时，外面下起了雨，不得不再多待一会儿。这期间，店主一直非常和善，还贴心地给我端来一杯白开水。

我看了差不多两个小时的书，却一本也没有买。走出书店后，我老觉得欠店主点儿什么。3 天后，公事办完要回京，去机场前特意去了那家书店，给孩子买了 10 多本书，旅途拎着书虽然很重，但心里踏实又温暖。

人与人之间的关系是相互的，店主的尊重和平和打动了我，我也发自内心地想给予他回报。在人的精神需求中，尊重和关怀占据重要的位置。来自他人的尊重，来自他人的关怀，都能让你感到温暖。那么反过来商家得到的就是消费者心甘情愿地购买你的商品、接受你的服务，以表示对商家的尊重和关怀。

可是，有些商家在处理事情时对顾客缺乏尊重。他们甚至要求顾客执行商铺的规定，不但没有一点儿灵活性，而且认为顾客不遵守商铺的规定就是无理取闹。顾客受到这种对待自然怒不可遏，以后一定不会再来。没有顾客登门，店铺的利润从何而来？

当然，尊重顾客不仅表现在尊重顾客的人格方面，也表现在尊重顾客的利益方面，二者不可分割。只尊重顾客的利益却不尊重顾客的人格，是势利；只尊重顾客的人格却不尊重顾客的利益，尊重就没有落实到位。只有从两方面都尊重他们，带给顾客的才能是真心的感动。

努力提升顾客回头率

对商家来说，设法争取新顾客固然重要，更重要的是增加老顾客的回头率。老顾客经常光顾，会自然而然带来更多新顾客。

老顾客是实体店经营好坏的命门，但究竟要如何通过服务与营销争取更高的回头率呢？

在某茶叶店 3 周年店庆之际，为了答谢老顾客，推出了“寻找 3 年相伴的老顾客”活动。活动内容是：凡是成为会员已经 3 年的顾客，均可免费获赠一份精美纪念品。

礼物虽轻，但提升了老顾客的消费体验，接下来的半年里，茶叶店的生意红火。

赠送小礼品是实体店回馈老顾客的常用招数，虽然创新不足，但效果明显。除此以外，还有一些挽留老顾客的方法。

一是靠经营者记忆留存，这也是很多小微店铺常用的方法。顾客来的次数多了，自然就记住了，和很多顾客也就混成了朋友，再根据他们的不同特点随机应变地采取不同的营销方法。但是，这种方法也有缺点，更换经营者或者店员后，与他们熟识的顾客有可能逐渐流失，而且人的记忆力有限。

二是微信群营销。对小微店铺来说，这种方法门槛低，相对有效。添加顾客微信后拉入微信群，经营者在群里做维护，偶尔发红包，通知店铺活动。我们曾经选了两家店铺进行这种维护，新品到店后就发微信群通知，每月 8 日定为会员日，提前一天在群里发红包。但是这种做法很快遇到了瓶颈。只有发红包群里才有人说话，平常一片死寂，曾经几百人的群慢慢萎缩到只有 100 多人。

出现上述问题的根本其实是微信群管理问题，群管理看似简单，实际上需要群管理员极强的责任心和创造性，如果是经营者或者店员肩负管理群的职责，很容易因为忙店里的事情没时间回复群里的信息，更没精力调动群里的气氛。店铺微信群还有一个突出的问题，一旦顾客有负面的消费体验，一定会选择在群里反映，这在一定程度上扩大了不良影响，损害了老顾客对店铺的印象。

因此，这种方式适合独立门店，经营者亲自管理，并且有充足的时间维护微信群，还要对自己的产品有足够的信心。

三是自建会员系统。购买会员管理软件（大部分收银系统能自带），转化普通顾客为店铺会员，再次到店消费即可享受会员优惠。这是目前最普遍也是最传统的会员管理方式。这种方法适用于大中型店铺，因为对小微店铺来说，购买会员管理软件的成本太高。

四是短信互动。比如发短信给顾客告知产品使用技巧、常见问题的处理等信息，还可以在传统节日和生日发送短信祝福，针对老顾客的优惠活动用短信告知。这样的互动可以让老顾客感觉自己始终受关注，而不是纯粹的买卖关系。

五是电话回访。售后电话回访，询问老顾客的使用情况以及是否满意。事实上，使用过程中没什么大问题，使用者一般不会在意，除非问题相对严重了，但有时为了这么一点儿事情又觉得麻烦，而电话回访正好给了商家一个关心老顾客的机会，使其心生感动。

除了以上这些方式，如果能为不同的顾客量身定制不同的服务方式，也是留住他们的妙招。

一家美容院实行 24 小时服务，竞争对手看到其因此生意兴隆也纷纷跟进。针对这种情况，美容院经营者专门推出了发展忠诚顾客的服务内容。

首先，专人专户服务。顾客第一次进店，美容师就要把她的爱好、个性、发型甚至常用的化妆品等都一一默记下来，等顾客走后，把它录入电脑存起来。这样，顾客下次来时，服务人员因熟悉其喜好，交谈中顾客自然而然地就会产生亲切感，很容易将其发展为老客户。

其次，专用品橱的设置。给每位顾客配备一个小抽屉，可以放自己专用的护肤品。抽屉的钥匙他们可以带走，也可以交给美容院保管，不另收费。这样，美容院的小抽屉像一条无形的锁链，把顾客牢牢地拴住。

最后，摄影服务。经营者特意让一位擅长摄影的员工兼任美容院的摄影师，满足顾客拍照留念的需求。

由此可见，要想将顾客发展为忠诚顾客，不仅需要从物质利益方面关心他们，还需要周到地提供及时、贴心的服务。让其感受到你的确是为他们着想，他们自然也会为你着想。

忠诚的顾客会推荐更多的新顾客前来，这是做生意的滚雪球效应：“只要你在顾客内心建立起了坚实的内核，这个内核将层层扩大。”

总之，当今的买卖关系早已从销售商品过渡到注重服务，提升服务质量。要让新顾客发展成不离不弃的忠诚顾客，依靠的不单单是优质的商品、多种经营手段，必须辅之以高服务水平和服务质量。而且，服务顾客没有尽头，服务方式和服务技巧都有不断创新和提升的空间。

妥善处理顾客的抱怨

一天，王先生去附近的五金店买螺钉。他付完款，店员找来塑料袋一股脑儿地把螺钉放进去。

王先生回到家中却发现少了几颗水泥钉。王先生仔细回想了一下，他确定自己买了水泥钉，但为什么塑料袋里没有呢？思来想去，王先生认为是店员往塑料袋里放钉子时漏掉了，他不得不再跑一趟。

返回五金店后，王先生怒气冲冲找到那名收银员，气愤地说：“我明明买了水泥钉，为什么你给我的塑料袋里没有？”

收银员一脸茫然地看着王先生，说：“您再找找，是不是不小心掉了啊！”

王先生说：“我早找过了。为这几颗水泥钉我专门跑到你们这儿，现在又跑一趟，大半天的时间都浪费了。”

但是，收银员担心老板知道后责备自己，坚持自己没有漏装。王先生越说越气："你们老板在不在？把你们老板叫出来！我要找他说个明白！"结果看热闹的人越聚越多，大家虽然不明所以，但都站在王先生这边，指责收银员，甚至有其他顾客提议到工商部门告他们。

本来王先生返回店里的路上想即便收银员搞错了，自己再买几个也不是什么大事，但是收银员死活不认错的态度让王先生很恼火，事态才逐渐恶化。

通常来说，遇到这种情况，不论是不是收银员的疏忽所致，都应该立刻安抚顾客，仔细查找收银台，看商品是否遗漏在收银台上。如果没有，也先向顾客道歉，再向负责人简述情况，及时补偿顾客。千万不能以强硬的态度对待顾客，也不能因为怕老板责备而故意隐瞒自己的错误。这样处理，不仅破坏了正常的经营，而且对商铺的声誉造成了不良影响。另外，管理者也应该加强对员工的培训，使其树立起认真负责的服务态度，妥善处理商品和客户服务问题。

第一，真诚道歉，消除误会。如果问题确实是由员工的工作失误造成的，首先要向顾客真诚道歉，消除误会。当然，如果能在保住店铺利益的前提下消除顾客的抱怨是最理想的。

顾客在餐馆点餐时，服务员漏掉了顾客的要求，上菜后引发了顾客的不满："我们明明说菜里不放辣椒，你看看这是什么！这么辣怎么吃？"服务员赶忙赔笑脸，安抚顾客说："对不起，对不起，是我工作的疏忽，请稍等片刻，马上给您重新做。

不过我们这种辣椒是经过加工的，不太辣。各位可以试试，这盘赠送给您。”

在座的客人听罢，夹起尝了一下，说：“还可以，的确不怎么辣。算了，不用换了。”由此顾客的抱怨就烟消云散了。

这位服务员处理得很巧妙，她先用真诚的道歉扑灭了顾客的怒火，之后用巧妙的解释激起顾客的消费欲，消费纠纷迅速解决。

第二，让顾客明白真相。有些顾客的抱怨并不是由产品或服务引起的，还有可能是顾客使用不当或者其他原因造成的。这时，顾客的要求虽然看起来过于苛刻，但店铺的处理要展现大度的一面，不要和顾客斤斤计较，关键是要帮助他弄清真相，明白商家并非有意与顾客作对。

小杨下班后去公司附近的超市采购日常用品，到收银台结账时却屡次刷超市购物卡不成功。小杨十分气愤地嚷嚷：“你们是怎么搞的？今天这些东西都打折，我的卡就不能刷了？搞什么？我要去投诉你们！”

面对这种情况，收银员并没有急躁，而是请小杨耐心等工作人员处理。前台的工作人员查看后确定是购物卡消磁了，马上更换了一张卡给小杨。小杨意识到是自己的存放不当造成的，反而为自己的无理取闹感到羞愧。试想，如果收银员的第一反应同样是恶语相向，事情一定会发展到不可收拾的地步。

第三，当顾客之间的润滑剂。到店的顾客之间也会因为某件小事发生冲突，甚至迁怒于店铺。此时，商家该怎么办呢？可以当一回“和事佬”，避免冲突升级影响店铺的形象。

老李的书店迎来送往不少学生，小小的书店平日就有些狭窄，周末更显得拥挤，老李在门前支起了书摊，不少人停车凑过来。“咣当”一声吓了挑书的人一跳，原来是一个小伙子不小心碰倒一辆自行车，车筐里的水果滚落一地。

只见车主放下书，瞪着小伙子就要训斥一番。这时，老李连声对车主说：“对不起！对不起！我来扶！”说着把地上的水果拾起来，小心地放进车筐。

车主的气还没消，问老李：“他是你什么人？你替他道歉！”老李笑着说：“他也是我的顾客啊！小事儿，不值得你们吵嘴。生意人和为贵，和为贵。”车主看着老李憨厚的笑容，事情也就这样过去了。

如果老李没有及时出来打圆场，两个年轻小伙子很可能针尖对麦芒，甚至发展到大打出手。这样很可能会引来其他人对小书店私自摆书摊的不满，因为书摊吸引了来往的人，道路变得拥挤了。因此，老李这样做也有先见之明，没有让抱怨的导火线引燃自己。

综上所述，对于顾客的抱怨，不论是什么原因，每位员工都要以文明的方式处理。对店铺而言，任何一次与公众相关的事件，处理得好与坏都影响着商家在顾客乃至整个社会中的形象和信誉。员工的每一个举动都像一面镜子，反映着企业文化和员工的整体素质。因此，处理顾客的抱怨，不仅要诚恳、讲究方式，而且要大肚能容，容忍顾客的一些疏忽。有了这种服务态度，店铺就有了人缘，也会转危为安，说不定因此会走上更宽的财路。

一对一解决顾客的所有疑虑

店铺都想把每一个进店的顾客培养成自己的忠诚客户，可是怎样才能做到呢?

不论是商家还是顾客，都是利益为先。在顾客看来，商家赚得多，自己的利益就遭受了损失，因此，他们总是对自己的利益格外关注，所有的讨价还价都是因为要尽量维护自己的利益。明白了这一点，商家就要换位思考，不能只考虑自己能从顾客身上赚到多少钱，要考虑怎样做才是为顾客的利益着想。如果你关心顾客的利益，顾客也会长期关心你的利益，如此，就会发展成你的忠诚客户。

一位老大爷每天都会从小毛这里买一些新鲜的蔬菜。虽然小毛的菜摊和其他菜摊的价格一样，但是老大爷就是认准了他这里，雷打不动。为什么呢？因为小毛是真心诚意地为他考虑。

原来，有一天老大爷来小毛这里买3块钱的香菜，买完之后，老大爷随口说是用来做汤提味用。小毛听了之后对老大爷说："大爷，如果您只是用香菜提味，买1块钱的就够了，用不了这么多，我给您退回一些吧！”

老大爷听了十分惊讶，因为蔬菜容易腐烂，一般卖菜的人都希望顾客多买些，而小毛却相反，考虑的不是自己多赚一些，而是帮他们省钱。此后，老大爷每次买菜都要去小毛那儿，即使没有自己要的，他也乐意转上一圈。

这虽然只是一个很不起眼的小事，但是也足以说明，利益在顾客的心中是何等重要。

有时候，顾客只看到自己购买商品后所得的短期利益，没有考虑这种商品长期的收益。在这种情况下，店员可以为顾客算一笔账，让他们明白用自己的产品是非常合算的。顾客明白这些以后感觉很合适，也会成为你的忠实客户。

第九章

自我提升：店铺管理思维重塑

内向思维——我是一切问题的始作俑者

近两年社会消费品零售总额持续增长，2016 年更是突破 33 万亿元，在互联网大潮下，所有实体店与顾客几乎实现了零成本接触，而用户方面，生活理念和消费观念的改变让许多行业雨露均沾，捧红了无数的网红店以及开店达人。但是，近年来众多店铺也身陷一种怪圈当中：每年倒闭的与新开的店铺数量几乎持平，许多店铺度日如年，比这更严峻的是，众多店铺在看似一片大好的消费环境中只能追逐微利、薄利，苟且求生。

怪圈之下，众多因果论成为一些失败者的解毒良药：因为成本在上升，因为竞争在加剧，因为顾客变刁钻……凡此种种，不一而足。

但众多优秀店铺砥砺前行的故事赫然在目，令人疑惑。恶劣的外部环境并不会对谁网开一面，那为什么会有这种不公平出现呢?

答案当然在“内因”。

马克思曾经说过，事物的发展，外因是条件，内因是决定性因素。对一家店铺来说，调整思路，从自身管理和经营中的问题出发，用内向思维解决种种问题。

说起来简单，做起来难。内向思维要求管理者在遇到障碍时将关注力更多地放到自己身上，不掩饰问题，不抱怨、不推卸，不为自己找借口，只为困难找方法。

而“找借口”正是内向思维最大的敌人。借口通常与责任挂钩，有很强的指向性和迫压性。在店铺中，每个人都有自己的责任，责任的履行直接关系到工作的质量，而责任又意味着一种压力，在这种压力面前，借口自然而然就出现了。

美国著名行为学家乔治·弗兰克曾经说过，表面上看，虽然借口不是那么起眼，也不是那么残酷，但它往往会给人留下许多条退路，而且在各种退路中变得消沉，根本无心挑战自己的人生，做好自己的工作。

现实中，许多管理者在遭遇问题时总会有这样或者那样的借口。店铺营业额连续下降，因为“同行的竞争太激烈了”；客人反映产品不好，因为“采购没用心做”；某个导购被客人投诉态度不好，“这是服务员的个人行为”……

作为一名管理者，当你或者你的员工屡屡推卸责任时，你就应当及时醒悟：这正是诸多问题存在且得不到解决的根本原因。

美国企业家 M.K. 阿什提出：“承认问题是解决问题的第一步，你越是躲着问题，问题越会揪住你不放。”这就是著名的阿什法则。相信很多人都对此深有体悟，尤其在工作中，当我们犯错后，头脑里往往会出现想隐瞒自己错误的想法。其实，承认现在的处境、直面自己的错误才是解决问题的第一步，一味地回避问题只会让事情愈演愈烈，朝着极其糟糕的结果发展。

所以，只有正视问题，我们才能解决问题。

日本东京莆田的“豆集团”（经营集团有限公司）在当地立足后发现了一个严重的问题：每年 1~2 月公司的 6 家分店营业额都会大幅缩水，公司的人力、物力成本在这期间并不会降低，所以，对豆集团来说，如何解决淡季客流量下降的问题至关重要。

但这个问题看似无法解决，因为餐饮业与其他行业一样，同样存在淡季和旺季。1~2 月是大部分餐厅的淡季。也有许多餐厅利用打折、推新品、做活动等方式进行营销，但效果并不理想。所以，许多餐厅在淡季时都把“节流”当成了首要目标。

但豆集团管理者并不认同这种做法。他们认为，逃避是无法让这个问题消失的。他们根据自身特色，制订了一套清晰的淡季营销体系。

这套营销体系的核心概念是“半价接力”：6 家分店从 1 月中旬开始，每家店轮流半价促销，每家持续一周时间，这期间店内部分特价菜和酒水也参与半价活动。

由于这 6 家店的菜品迥异，再加上豆集团采用升级版的待客方式，半价接力的活动效果显著，活动期间来店的新客人数激增，总客流量甚至比平时还要高。

豆集团对问题的重视直接导出了结果，也蕴含了这样一个道理：外部环境对大家一视同仁，只有率先改变自己，才能摆脱沦为平庸之辈的厄运。

内向思维的出现是符合时代规律的。互联网形势下，行业各类信息都可以进入 PC 端、移动端。装修环境、产品质量、服务质量，这些直接决定消费评价的因素都被公之于众，用户的选择权和话语权的无限扩张也使得店铺管理者必须反躬自省，用内向思维解决当下店铺存在的各种问题。

作为管理者，应当先树立“一切责任在我”的意识。作为一家店铺的领头羊，应当承担更多的责任、积极面对更复杂的难题，不推卸责任，避免让员工心寒的逃避行为，一切以解决问题为导向，时刻思考“我该怎么解决”。

当然，内向思维不是对管理者的特殊要求，而是对整个团队的要求。所以，除了改变自身，管理者还应当对员工进行内向教育，让每个人都能以内向思维参与工作，凡事先拿自己“开刀”。

而内向教育的核心就在于“3+1 作风”的养成（见图 9–1）。

其中的“3”是 3 种行动——用心、高效、坚守承诺，这就要求店铺全体员工用心对待自己的工作，高效解决工作中出现

图 9–1

的一切问题，并坚守自己做出的各种承诺。

关键的“1”则是一种态度——绝不找借口。管理者应该让员工知道，抱怨、找借口就是在向自己吐口水，无益于任何问题的解决。要让员工心中时刻装着问题，不为失败找借口，只为成功找方法。

当然，再好的理论没有执行也是一纸空文。所以，店铺应当建立起一套无差别的制度，直接服务于“3+1 作风”的培养。

例如，我们可以让每个员工写下每年甚至每月、每周、每天的承诺书，让他们将自己的工作计划、学习计划写进承诺，然后辅以配套的奖惩措施。

协作思维——打造高效的协作团队

如今几乎人人拥有智能手机，而在智能手机中，又以 iPhone 最受大众的追捧。显然，iPhone 已经成为高档手机的代名词，据相关数据显示，iPhone 在美国的市场份额曾经达到 40%。进入中国市场后，iPhone 又顺理成章地成为众多年轻人追捧的对象，此前几乎每一款 iPhone 面世，都会有无数的人跑到苹果专卖店前通宵排队。就这样，这种“苹果热”现象让很多人产生错觉，以为苹果是中国智能手机市场上唯一的赢家。

其实，除了 iPhone，著名的小米手机在这场智能手机市场抢夺战中也战果累累，它杀出了一条血路，从苹果那儿抢到了一大批消费者。

小米手机一路走来经历过很多风风雨雨，它在面世之前还曾一度陷入困境。

2011 年，在小米 1 代发布之前，小米手机的创始人、小米公司的现任 CEO 雷军到访电子通讯代加工企业英华达，希望对方能为自己代工小米手机。按照当时的行业惯例，代工厂一定会对雷军的公司做一次背景调查，主要调查其公司的资金状况、经营状况和管理能力等方面。可让人尴尬的是，整个手机上游供应链，包括英华达，根本没有人知道雷军是谁。

在这种情况下，试问有哪家代工厂有勇气为一款尚未面世、销量未知的手机产品以及一个圈内人从未听说的人做代工生产呢？英华达也不例外，自然而然就把怀疑的眼光投到了雷军的身上。其实，这种事儿对雷军来说已经是家常便饭，除了代工厂的存疑，上游供货商根本不可能给小米额外的优待，大多数情况下，他们都会要求小米提前 3 个月订货，并先付定金。

但拥有强大凝聚力的小米团队顺利地将各个环节走通，成功地完成了一项庞大的系统工程。我们都知道，雷军拥有自己的创业团队，该团队包括谷歌中国工程研究院原副院长林斌、摩托罗拉北京研发中心原高级总监周光平、北京科技大学工业设计系原主任刘德、金山词霸原总经理黎万强、微软中国工程院原开发总监黄江吉和谷歌中国原高级产品经理洪锋，这个团队是专门为雷军提供技术支持的。也就是说，雷军成功地走出了第一步，带领团队设计出了小米手机。

紧接着，小米的产品部门开始筹谋和英华达之间的合作，并顺利开展，小米手机投入生产。

最后，在资金环节，小米的财务团队更是创造了一个奇迹。2011 年年底，就有小米资金流断裂的传闻，但传闻很快不攻自破，因为小米 2012 年的销售额约 126 亿元，其前后三轮的总融资额达 3.4 亿美元。有业内人士放言，小米的资金周转率是他看到的手机厂商中最强的，基本每个月就可以转一次。

也就是说，小米对整个产业链条的全局把控相当到位。从技术到生产再到资金流动，小米团队内部实现了几乎天衣无缝的协作。

小米虽然是一家互联网手机品牌，但其团队展现出的协作精神值得每一家实体店学习。

在店铺管理中，团队协作差的表现有很多种。比如，有的员工能力非常强，但是不合群，经常与其他员工闹矛盾。面对这样的员工，老板想把他留下，又怕加深员工之间的矛盾，店铺的业绩受影响。有的部门之间、员工之间相互扯皮。导购员工作不理想，询问部门主管时，他会辩解说是采购的商品没有销路。找到采购主管时，他们又会推脱是导购员能力太差。

这种争功诿过的现象会损坏团队的协作与整体业绩。员工之所以特别看重个人表现，个人本位主义思想严重，都是为了使自己的利益最大化。出现这种情况很可能与老板缺乏向他们灌输店铺发展的共同愿景有关。

共同愿景是指组织中人们共同持有的意愿和景象。对店铺来说，共同愿景就是店铺在什么阶段要发展到什么程度，达到什么样的目标。需要员工们怎样奋斗达到，达到这些目标后员工们能享受什么样的利益。只有提出一个全体员工都认可的共同愿景，大家才能朝着一个方向努力。否则，老板们心目中都没有这样的共同愿景，员工自然急功近利，先要保证自己利益的最大化。

在为员工分配利益时，要为他们在某个阶段树立一个共同目标。为共同目标而奋斗并不是抹杀个人业绩，而是在完成大目标的前提下，再根据完成率的不同确定提成和奖金的比例。这样就把某个人的利益和团队的利益捆绑到了一起。

2013 年，永辉集团董事长张轩松在门店调研时发现，基层员工收入低，工作积极性不高。他当时想，如何让永辉的基层员工能够增加收入并提升工作积极性？

深思熟虑之后，2014 年，永辉超市在全公司推广合伙人制度：总部与经营单位（合伙人代表）根据历史数据和销售预测制定一个业绩标准，如果实际经营业绩超过了设立的标准，增量部分的利润按照比例在总部和合伙人之间进行分配。所谓经营单位，也就是总部与其进行利益分配的另一方。由于永辉有数万名员工，总部不可能与每一位员工开会敲定合伙人制度的一些细节和考核标准。因此一般是以门店或者柜组为经营单位，他们代表基层员工参与合伙人计划，与总部讨论至关重要的业绩标准。永辉超市执行副总裁柴敏刚详述了操作方法："一般情况下，合伙人是以门店为单位与总部来商谈。永辉总部代表、门店店长、经理以及课长，我们一起开会探讨一个预期的毛利额作为业绩标准。将来门店经营过程中，超过这一业绩标准的增量部分的利润就会拿出来按照合伙人的相关制度进行分红。店长拿到这笔分红之后根据其门店岗位的贡献度进行二次分配，最终使得分红机制照顾到每一位基层员工。"

合伙人制度推行后，不仅大大提升了员工收入，还突破了一系列经营管理方面的瓶颈。例如离职率下降 50%，商品损耗率下降 33%，上货率、更新率大大增加，商品质量、服务质量均有提升。表面上看，永辉超市的合伙人制度是老板将自己得到的利润拿出去分给员工，貌似"吃亏了"，但其实这是最高明的激励措施。因为员工分到的利润是增量业绩中的一部分——业绩在微增长或者负增长成为零售业新常态的当下能有增长就不错了。因此，站在永辉经营者的角度，员工分红越多，自己越高兴，可谓皆大欢喜。正如一位管理学家所说：激励就是用将来的钱换取员工当下的努力。

要培养协作团队，员工之间的情感交流非常关键。因为人都是有感情的动物。这些工作之外的情感交流也有利于互相了解，相互信任，增进团队的情感和团队协作。这样员工工作起来才更轻松。

因此，工作之余，店长也可以组织员工聊天、旅游、参加体育娱乐活动等。通过巧妙地安排各种活动，加强自己与店员之间、店员与店员之间的沟通，逐渐融合成一个大家庭，使员工产生归属感。

总之，团队精神是零售店的精神支柱。培养相互协作的团队精神，有利于引导店员产生共同的使命感、归属感和认同感，形成你追我赶的积极向上的竞争氛围，也有利于约束、规范和控制店员行为，让他们从短期行为转向为店铺的长期发展目标而奋斗。

紧迫思维——利用好每一分每一秒

时间有三大杀手：拖延、犹豫不决、目标不明确。排在首位的就是拖延。比尔·盖茨曾经说："很多人喜欢拖延，他们对手头的事情不是做不好，而是不去做，这是最大的恶习。"所以，我们应该正视拖延这个问题，不要让它影响到我们的工作和生活。

作为店铺经营者，我们也该扪心自问：我是否浪费了太多的时间，我是否拖延过多。

当今科技发展一日千里，随着智能手机、网络资讯的发达，各种类型的游戏、社交软件层出不穷，无不考验着我们的意志力。当我们面对这些诱惑时，是不是总是败下阵来呢？

本来今天该完成的工作，可是一打开手机就忍不住先浏览一下新闻、刷刷朋友圈，结果不知不觉一天就过去了。最后，下班时间快到了，还在不停地赶手头的工作，或是还得通过加班才能完成。在工作中，我们是不是经常被这些事物干扰呢？

商场其实就是战场，战场讲究“天时、地利、人和”，天时就是时机。在战争中，如果一支部队能够提前10分钟抢占有利地形，便可以做好充足的准备，以逸待劳，迎头痛击后来的敌人，这是多少先进武器都换不来的优势。

对生意来说，时间是非常珍贵的。有了时间，店铺才能按部就班地经营，才能打造出高效的团队、做出最好的产品。而且，时间就是效率，早一步推出产品就能早一步抢占市场先机，领先别人一步。

拖沓是对时间的浪费，而无法利用好时间同样也是一种浪费。

在店铺管理工作中，我们会遇到各种各样的事情。但这些事情我们没有必要都花同样的时间与精力去对待。一般来说，事情可以分为四类：一是既重要又紧急的事情，如马上要解决的紧急问题；二是重要但不紧急的事情，如一些计划与规划；三是紧急但不重要的事情，如某些一定要开但没有什么意义的会议；四是既不重要也不紧急的事情，如一些不必要的杂事。如果是你的话，你会先做哪一类事情呢？

有这样一个例子对上述四类事情做了很好的比喻。有一个木桶，要往里面装四种东西，它们分别是大块的石头、碎石、沙、水。如果是你的话，你会先装什么呢？如果先往桶里装碎石的话，后面就装不下大的石块了。因此，我们要先往里面装大石块，然后是碎石，装满后还可以装沙，而最后还可以倒水充满整个桶。那么这里的四样物体分别代表了哪四类事情呢？大石块代表重要但不紧急的事情，碎石代表紧急而又重要的事情，沙代表紧急但不重要的事情，而水就代表不紧急也不重要的事情。

为什么我们要先做不紧急但重要的事情呢？很多人会有这样的疑问。那些紧急又重要的事情不是我们必须马上要做的吗？我们可以这样理解：这些碎石都是从大石块那里来的。如果我们的年度计划制订后（这是重要但不紧急事情），然后抓紧时间提前完成所制订的计划，这样紧急又重要的事情就会大量减少。

因此，不要一味被眼前紧急而又重要的事情牵着鼻子走。要认清这些事情是怎么产生的。很多时候是因为我们不能按部就班地执行计划而产生的。所以，要提高自己的工作效率，首先要制订好工作计划，然后再按照计划去完成，这样，工作效率一定会很高。

伯利恒钢铁公司总裁查尔斯·施瓦布曾会见效率专家艾维·利。艾维·利说自己的公司能帮助施瓦布把他的钢铁公司管理得更好。施瓦布承认，他自己懂得如何管理，但事实上公司不尽如人意。可是他说自己需要的不是更多知识，而是更多行动。他说："应该做什么，我们自己是清楚的。如果你能告诉我们如何更好地执行计划，我听你的，在合理范围之内价钱由你定。”

艾维·利说可以在10分钟之内给施瓦布一样东西，这东西能使他的公司业绩至少提高50%。然后他递给施瓦布一张空白纸，让施瓦布在这张纸上写下明天要做的6件重要的事。过了一会儿又说：“现在用数字标明每件事情对你和你的公司的重要程度的次序。”大约5分钟后，艾维·利接着说：“现在把这张纸放进口袋，明天早上第一件事是把纸条拿出来，做第一项。不要看其他的，只看第一项。着手办第一件事，直至完成为止。然后用同样的方法对待第二项、第三项……直到下班为止。如果你只做完第一件事，那不要紧，你总是做着最重要的事情。”

艾维·利又说：“每一天都要这样做。你对这种方法的价值深信不疑之后，叫你公司的其他人也这样干。这个试验你爱做多久就做多久，然后给我寄支票来，你认为值多少就给我多少。”

整个会面历时不到半小时。几个星期之后，施瓦布给艾维·利寄去一张2.5万美元的支票，还有一封信，信上说，针对工作效率，那是他一生中最有价值的一课。

后来有人说，5年之后，这个当年不为人知的小钢铁厂一跃成为世界上最大的独立钢铁厂，艾维·利提出的方法功不可没。这个方法还为查尔斯·施瓦布赚得1亿美元。

在一家店铺中，也会存在各种事情，作为管理者，我们要学会甄别不同事情的属性。例如，一位老顾客投诉店铺的服务不到位，亟须解决，这就是紧急又很重要的事情。而对一家需要人才来为后续发展助力的店铺来说，储备、培训人才就是一件不紧急但非常重要的事情，而这样的事情是要优先解决的。

机会来临稍瞬即逝，如果我们过多地追求完美的解决办法，或者力争达到统一认识，但等制订了一个完美方案或统一了认识后，机会或许已经错过。

把一天的时间安排好，这对于你成就大事是很关键的。这样你可以每时每刻集中精力处理要做的事。但把一周、一个月、一年的时间安排好，也是同样重要的。这样做，你会有一个整体方向，能看到自己的宏图，从而有助于你达到目标。

总之，无论做什么事都要分清事情的轻重缓急，做出恰当的决定、合理的安排，这样才能利用好每一分、每一秒，工作才能更进一步。

企业文化——决定店铺发展高度的软基因

对店铺来说，企业文化绝不是可有可无的，而是店铺运营管理中一个至关重要的环节。

大多数店铺属于零售行业，同样需要企业文化的支撑。现如今，我国零售业也将面临一场新的洗牌和格局的调整，大吃小，强吃弱，连锁挑战分散，精细挑战商超，新的消费潮流形式挑战传统店铺，面对这一切，店铺经营者必须有新的思路、新的理念、新的模式、新的战略，这中间最重要的是实施名牌战略，注重企业文化。

对一家店铺来说，实施名牌战略的一项很重要的内容就是要建立与自己企业相适宜的企业文化。有人说名牌的一半是文化，对其他企业来说是如此，对零售店铺来说更是如此，因为产品本身就是一种文化，经营产品就是经营文化。

但是零售商的文化又不是简单的产品文化，更重要的是企业内部的管理，是企业管理的最高形式、最高层次。通过构筑和建立企业文化、企业精神，使员工认可共同的价值观和行为规范。员工对企业价值观的认可程度越高，企业的凝聚力和向心力越大，有了这种凝聚力和向心力，企业会创造奇迹。

20 世纪 90 年代，美国经济学家进行深入研究后就曾提出："杰出成功的公司大都有强有力的文化。"

餐饮界的现象级火锅店"海底捞"向来注重打造餐厅的企业文化，凭借着创始人张勇的一番努力，海底捞打造出了一种非常高效的情感型企业文化。其核心要义有以下几个方面。

第一，选拔、培育有感恩之心的员工。海底捞员工对企业、对上级、对师傅都有感恩之心，这是支撑海底捞高效率、高质量服务的根本。并不是每个人都善于感恩，所以怎么样招聘、培养和提升拥有这种特质的员工成为关键。海底捞在提拔某个人到重要岗位时，其老板张勇往往会到员工家里做家访，以确定该员工是不是真的拥有符合企业所需的特质。

第二，营造大家庭的氛围。情感型文化的核心理念是大家庭主义，即员工都以所在的组织为家，同事之间培养出类似于兄弟姊妹之间的亲密情感。海底捞鼓励员工介绍自己的亲人、朋友到海底捞工作，从一定程度上推进了这种家庭氛围。

第三，传帮带的固有习惯传承。每个新入门员工都会安排一个师傅，师傅负责把新员工引进门，文化的传递由此实现。能够成为带徒的师傅一定要有特别的资质，比如年资长、表现佳、与企业文化协调良好的员工，不会使杂音在新入门员工的耳朵里出现。

第四，员工自主性的激发。海底捞通过有效的授权和放权来激发员工的自豪感和凝聚力。区域经理有百万元以上的自主权，普通员工能够根据情况判断，自主决定是不是可以给客人免费送一些小菜，甚至给对用餐不满意的顾客免单，避免因向上级请示耽误时间，而不能及时消除顾客抱怨。这种自主性能使员工产生“企业主人翁”的自豪感，因此对这个“大家庭”的归属感会更加强烈。

第五，拒绝空降兵，坚持内部选拔。海底捞设置了管理、技术和后勤 3 个晋升体系，提供给员工充分的发展空间。更加重要的是，其管理者和重要岗位人员都必须从底层做起，从为客户直接服务做起（财务和工程岗位除外）。海底捞对“空降兵”很排斥，这也是能保持文化血统纯正的必要手段。但这种自己培养的方式会使人才聚集速度放缓，成为影响海底捞扩张速度的最大因素。

第六，追求顾客和员工满意度，而不是利润。这一点是我特别佩服海底捞创始人张勇的地方，他做到了许多管理学大师做不到甚至想不到的事情。海底捞对每个分店的考核只注重两项：一是顾客满意度，二是员工满意度。因为在他的理念里，只要顾客满意了、员工满意了，利润不是问题。考核店铺利润是不合理的，因为在做到高顾客满意度和员工满意度的前提下，利润就只跟大环境的好坏、店址等因素相关，而这些因素是店长没法控制或影响的。试问哪个公司不是把利润当成考核分公司或子公司的首选指标？海底捞做到了，因此才有人说“海底捞你学不会”。

第七，鼓励员工全员创新，提出改进建议。海底捞员工按惯例会定期总结、讨论近期的客户满意度情况，找出不足和差距，提出改进措施。有些好的改进措施会在全公司推广，推广的方法会以提出该建议的员工的名字来命名，这种激励性是非常强大的。

可以说，海底捞的这套情感型企业文化为企业发展带来了强劲的动力。海底捞的口味或许不是火锅店中最好的，但它的服务俨然已经形成一种文化现象。这也使得海底捞已经不只是一家餐企，而是一家具备强烈文化气息的餐饮排头兵，值得所有实体店经营者学习。

后　记

在“互联网 +”这个概念方兴未艾之时，我就一直关注着实体店的种种症结。在我看来，如今实体店所面临的问题并非全由电商肇始。正如我在本书中所说，实体店的困境很大程度上要归咎于自己的故步自封。时代一直在进步，无论是实体店还是电商，都会面临种种不同的问题，如果不能灵活调整改变，拥抱创新，都难逃被淘汰的命运。

本书中所写的大部分内容都是我经过调查研究之后做的笔记，非常具有代表性。我也曾就各种问题问过各行各业的店铺老板们，只有在得到确切的印证之后，我才会将其置于书中。

长期从事实体店运营培训，我的身份早已是一个模糊的概念。更多的时候，我会把自己当作店铺的老板、店长、店员甚至是进店购物的顾客，这种身份代入也使我产生了诸多微妙的感觉，这些感觉都已经转化为文字，融入本书。

希望每个读完本书的朋友都能够感受到我的这份诚挚。今天，我站在这里，以一个实体店从业者的身份感谢大家，也希望能够在接下来的日子里与大家砥砺同行，从逆境中起身，在经济浪潮中打造各自的商业传奇。